华南师范大学哲学社会科学优秀学术著作出版基金资助出版

中国对东盟农产品出口市场结构的优化研究

——以早期收获产品为例

蔡一鸣 著

对外经济贸易大学出版社
中国·北京

图书在版编目（CIP）数据

中国对东盟农产品出口市场结构的优化研究：以早期收获产品为例 / 蔡一鸣著. —北京：对外经济贸易大学出版社，2016.8

ISBN 978-7-5663-1635-6

Ⅰ.①中… Ⅱ.①蔡… Ⅲ.①农产品贸易-出口市场-市场结构-研究-中国 Ⅳ.①F752.652

中国版本图书馆 CIP 数据核字（2016）第 185330 号

中国对东盟农产品出口市场结构的优化研究
——以早期收获产品为例

蔡一鸣 著

责任编辑：张俊娟

对外经济贸易大学出版社
北京市朝阳区惠新东街 10 号　　邮政编码：100029
邮购电话：010-64492338　　发行部电话：010-64492342
网址：http://www.uibep.com　　E-mail：uibep@126.com

北京九州迅驰传媒文化有限公司印装　　新华书店经销
成品尺寸：170mm×240mm　　12.25 印张　　153 千字
2016 年 8 月北京第 1 版　　2016 年 8 月第 1 次印刷

ISBN 978-7-5663-1635-6
定价：38.00 元

前　言

在2002年的一次研究生课堂上，程崇祯教授让我负责为全班同学介绍马科维茨的现代资产组合理论。由此，我产生了将这一理论应用于出口市场组合问题的想法，并基于这一想法完成了硕士毕业论文。在随后的10多年中，由于各种原因，对这一问题的研究中断过多次。尽管如此，现在正是时候对相关研究工作做一个总结了。

自问世以来，马科维茨的理论已经扩展到几乎所有真实资产和金融资产的选择问题。将该理论应用于出口市场结构的优化问题，并不需要思维上的“惊险一跳”。但是，为什么学术界一直没有将这个理论应用于出口市场的选择呢？我认为，可能有两个方面的原因：其一，马科维茨理论中用来衡量风险的方差概念并不适合用来比较各出口市场的波动风险，因此需要寻找更合适的衡量指标；其二，如果政府用出口市场组合模型去引导出口企业对出口市场的选择，似乎违背了市场经济的自由原则。为了解决以上两个问题，本书使用相对方差衡量出口市场的波动风险，并分析了出口市场选择中的市场失灵现象，从而为政府的干预行为提供了理论上的合法性。

本书的主要目的是为“追求出口波动风险最小化”的政府优化某一产业的出口市场结构、引导出口企业正确地选择出口市场提供一个理论基础，并将该理论应用于中国对东盟农产品出口市场结构的优化问题。其主要内容如下：

中国从加入世界贸易组织到2015年，对东盟出口的农产品金额已经超过140亿美元，增长了10倍多。可是在这一过程中，中国农产品在东盟市场的出口增长率经历了比较频繁的波动。实证分析表明，中国对东盟农产品出口市场结构的变动对出口增长率的波动有显著影响。或者说，本书所关注的市场结构在一定程度上会影响出口的波动。

在市场经济中，一个产业的出口市场结构是出口企业对出口目的地做自由选择的结果。在这个过程中，出口企业不可避免地面临着信息不完全、外部性和相互间的协调失灵等问题，而这些问题的存在会导致出口企业并不按照出口风险最小化的方式去选择出口市场。或者说出口波动在一定程度上属于出口企业在自由选择出口市场时所导致的市场失灵的一种表现，需要政府采取必要的干预措施。

考虑到各出口市场上的出口量或其增长率之间的显著差异，本书借鉴马科维茨模型的思想，使用相对方差衡量市场波动风险，并在此基础上构建了出口市场组合模型。该模型可用于计算以出口波动风险最小化为目标的最优出口市场结构。利用该模型和 2000 年至 2014 年中国农产品对东盟的贸易数据，可以发现：（1）出口地理集中度与出口风险之间不存在简单的线性关系。原因在于，出口地理集中度的计算仅仅考虑了各出口市场的出口份额，而没有考虑各出口市场的波动风险。（2）从优化出口市场结构的角度，无论是作为一个整体的早期收获产品还是 3 种代表性农产品（苹果、冻鲣鱼和马铃薯）的出口市场结构都需要做较大幅度的调整。进一步地，根据各出口市场目标份额的变化特征，所有的出口市场可以分为四个类型：理想型、退出型、有限调整型和态度依赖型。对于理想型市场，应该大幅度地增加出口份额；对于退出型市场，应该大幅度地减少出口份额甚至完全退出；对于有限调整型市场，需要特别重视份额调控的精确性；对于态度依赖型市场，政策制定者风险态度的变化可能导致完全相反的政策含义，因此风险态度的明确很重要。

本书由我拟订大纲及各章主要内容。具体分工为：蔡一鸣负责第一章、第二章和第八章，以及全书内容的最终修改；崔胜杰同学负责第三章和第四章；杨佩佩同学负责第五章；刘亮同学负责第六章；李经同学负责第七章。

始生之物，其形必丑。本书所提供的研究成果仅仅是对出口市场结构优化问题的一次初步探索。在未来，我期待有志于研究这一问题的同行或同学，与我一起努力继续推进对这个问题的认识，也欢迎大家与我联系和交流（我的邮箱是：fenasl@ 163. com）。

最后，我要特别感谢华南师范大学哲学社会科学优秀学术著作出版基金对本书的资助，感谢马慧雯老师、蔡子来同学在本书写作过程中提供的各种帮助，感谢对外经济贸易大学出版社张俊娟女士精心而高效的编辑工作！

蔡一鸣
广州大学城
2016 年 5 月 18 日

目　录

第一章　导论 …… 1

第一节　问题的提出 …… 2

第二节　文献回顾与分析 …… 5

第三节　出口市场选择中的市场失灵 …… 11

第四节　中国政府的出口市场多元化战略 …… 16

本章小结 …… 19

第二章　需求波动、贸易模式与出口市场组合 …… 21

第一节　基于需求波动视角的国际贸易模式 …… 22

第二节　马科维茨的资产组合理论简介 …… 27

第三节　出口与证券投资之间的比较 …… 30

第四节　相对方差及其性质 …… 32

第五节　出口市场组合模型 …… 34

本章小结 …… 37

第三章　中国与东盟农产品贸易概况 …… 39

第一节　中国与东盟双边农产品贸易的制度基础 …… 40

第二节　中国与东盟农产品贸易的总量概况 …… 44

第三节　中国与东盟农产品贸易的国别结构 …… 49

第四节　中国与东盟农产品贸易的商品结构 …… 52

本章小结 …… 55

第四章　中国对东盟早期收获产品出口市场结构的优化…………… 57
第一节　早期收获计划……………………………………………… 58
第二节　中国早期收获产品对东盟的出口贸易…………………… 62
第三节　中国早期收获产品在东盟市场中的风险与相关性……… 65
第四节　中国早期收获产品出口市场的有效组合………………… 68
本章小结……………………………………………………………… 74

第五章　中国对东盟六国苹果出口市场结构的优化……………… 77
第一节　中国苹果对东盟六国的出口贸易………………………… 78
第二节　中国苹果在东盟六国市场中的风险与相关性…………… 82
第三节　中国苹果出口市场的有效组合…………………………… 85
本章小结……………………………………………………………… 90

第六章　中国对东盟六国冻鲣鱼出口市场结构的优化…………… 93
第一节　中国冻鲣鱼对东盟六国的出口贸易……………………… 94
第二节　中国冻鲣鱼在东盟六国市场中的风险与相关性………… 98
第三节　中国冻鲣鱼出口市场的有效组合 ……………………… 100
本章小结 …………………………………………………………… 108

第七章　中国对东盟七国马铃薯出口市场结构的优化 ………… 111
第一节　中国马铃薯对东盟七国的出口贸易 …………………… 112
第二节　中国马铃薯在东盟七国市场中的风险与相关性 ……… 114
第三节　中国马铃薯出口市场的有效组合 ……………………… 118
本章小结 …………………………………………………………… 124

第八章 政策建议与理论总结 …… 127
第一节 中国农产品出口市场结构调整中的问题 …… 128
第二节 优化中国农产品对东盟出口市场结构的建议 …… 132
第三节 出口市场结构理论总结 …… 137

附录 A:《中国与东盟全面经济合作框架协议》 …… 143
附录 B: 敏感产品和正常产品的范围与降税安排 …… 154
附录 C: 中国农产品的生产数据 …… 158
附录 D: 中国对东盟早期收获产品的出口数据 …… 167
参考文献 …… 176

第一章

导　论

由于信息不完全、外部性以及高额的协调成本等原因，出口企业在出口目的地的选择中存在市场失灵，而这种市场失灵可能会加剧整个产业出口所面临的总体波动水平。当政府特别关注该产业出口的总体波动水平及其带来的经济后果时，干预是必要的。本书的主要目的是为“追求出口波动风险最小化”的政府优化某一产业的出口市场结构、引导出口企业正确地选择出口市场提供一个理论基础，并将该理论应用于中国对东盟农产品出口市场结构的优化问题。全书的主要内容分为三个部分：第一部分以中国对东盟的农产品出口为例，分析优化出口市场结构的必要性（第一章）；第二部分构建用于优化出口市场结构的理论模型（第二章）；第三部分将第二部分中的理论模型应用于中国对东盟农产品出口市场的优化分析（第三至八章）。

本章的主要内容安排如下：第一节在检验了中国对东盟农产品出口市场结构的变动与出口增长变动之间的关系后，提出如何优化出口市场结构以降低出口波动的问题；第二节回顾并分析了出口市场结构、中国与东盟双边农产品贸易方面的国内外文献；第三节分析了出口企业在出口市场选择中的市场失灵问题，从而为政府干预一个产业的出口市场结构提供理论上的“合法性”；第四节回顾了中国政府从20世纪90年代以来关于出口市场多元化战略的政策主张，从而为本书提供的市场调整建议提供政策上的“合法性”。

第一节　问题的提出

2013 年，中国成为全球第一大货物贸易大国，也在这一年，东盟取代日本成为中国农产品最大的出口市场。一方面，中国在加入世界贸易组织（以下简称 WTO）的第一年，对东盟的农产品出口金额仅为 13.1 亿美元，到 2015 年对东盟的出口金额已经超过了 140 亿美元，占中国农产品总出口金额的1/5强。东盟已经成为中国农产品最重要的出口市场。另一方面，中国农产品在东盟市场的出口增长率在最近的 10 多年中经历了比较频繁的波动（见图 1-1）。其中，2002 年的增长速度最快，为 51.1%，而 2004 年的出口金额不增反减，这一年的增长速度为-9.9%。很明显，这些波动会进一步影响农业收入和就业。

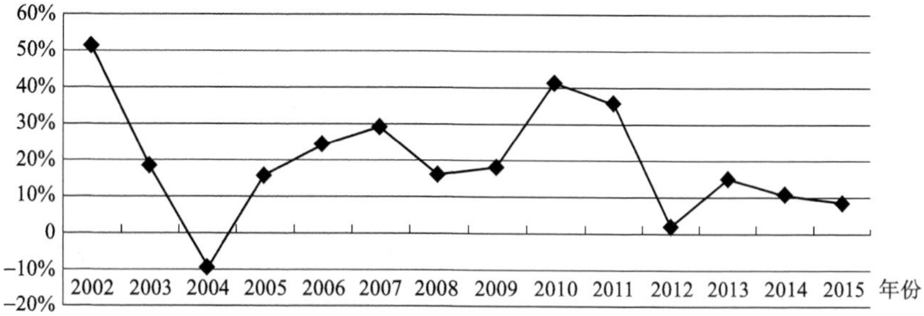

图 1-1　2002—2015 年中国农产品在东盟市场上的年度出口增长率

资料来源：中国商务部农产品贸易月度统计报告。

出口地理集中度是衡量出口市场多元化程度的一个重要指标。一般认为，地理集中度过高会导致出口收入的不稳定。这种观点已经成为各国政策制定者推行出口市场多元化战略的依据（Adams 和 Behrman，1982；UNDP，2011）。可是，在经验分析中二者的关系并不明确（见文献综述部分）。事实上，如果出口市场的需求平稳，即使地理集中度较高也不会造成出口收入的较大波动；反之，如果各出口市场的需求波动较大且正相关程度较高，那么较低的地理集中度也会导致较大的出口波动。

在 2001 年至 2015 年的时间跨度内，在中国对东盟的农产品出口贸易中，马来西亚和印度尼西亚是两个最大的出口市场，两国市场所占的出口份额之和为 43.45%。越南、泰国和菲律宾三国所占的出口份额也都超过了 10%。而缅甸、柬埔寨、文莱和老挝四国所占的出口份额均低于 2%。那么，中国对东盟农产品出口增长率的波动，是否与上述出口市场结构有关呢？

根据中国商务部网站提供的农产品出口数据，下面的实证分析表明出口市场结构的变动对出口增长率的变动有显著影响（二者的散点图见图 1-2）。用 E 表示中国对东盟农产品出口金额的年度增长率；用 C 表示市场结构，此处使用中国农产品在东盟的两个最大出口国马来西亚和印度尼西亚所占的出口份额之和加以表示。用 e 表示出口增长率 E 相对于均值的离差，用 c 表示市场结构相对于均值的离差。

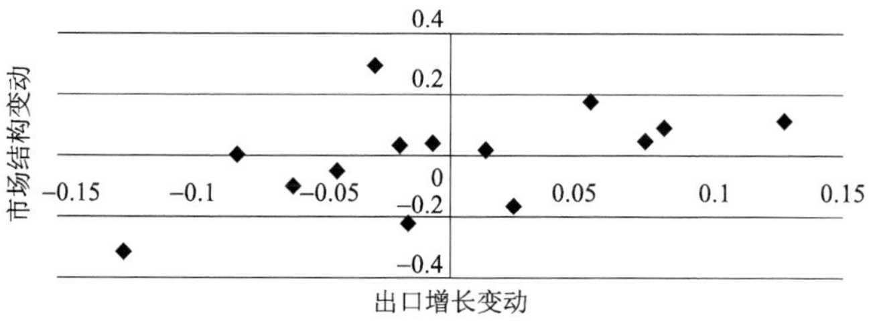

图 1-2 出口增长变动与市场结构变动之间的散点图

数据来源：中国商务部农产品贸易月度统计报告。

由于中国与东盟 6 个老成员国在“早期收获产品”（详见第四章）方面的关税于 2006 年全部降为零，因此需要同时考虑政策变量和市场结构变动对出口增长率变动的影响。进而，可以就出口增长率的变动对政策变量和市场结构变动做线性回归（括号中的数字为标准误差）

分析，估计结果如下：

$$e=0.128+1.911c-0.18T_i$$

（0.078）（0.663）（0.097）

调整后 $R^2=0.33$，$n=14$。

其中，T_i为政策变量，也是一个虚拟变量：2006 年及以前的值取 0，以后的值取 1。市场结构变动系数的 t 统计量的 p 值为 0.014，政策变量系数的 t 统计量的 p 值为 0.091。由此可见，政策变量和市场结构变动对中国向东盟出口农产品增长率的变动有显著影响。进一步的结论就是，本书所关注的市场结构在一定程度上会影响出口的波动。其原因在于，中国农产品在单个出口市场上（比如马来西亚或印度尼西亚）的出口波动性并不一样，当调整每个出口市场的出口份额或者调整的幅度发生变化时，最终在所有市场上所表现出来的总体的出口波动性就会发生变化。

在市场经济中，一个产业的出口市场结构是出口企业对出口目的地做自由选择的结果。在这个过程中，出口企业不可避免地面临着信息不完全、外部性和相互间的协调失灵等问题。因此，出口波动在一定程度上属于出口企业在自由选择出口市场时所导致的市场失灵的一种表现，需要政府采取必要的干预措施。因此，一国为了降低某产业中出口波动的总体水平，需要政府引导出口企业去优化出口市场结构。如果以出口波动风险最小化为目标，那么确定最优市场结构中每个市场出口份额的过程，类似于投资者寻求最优证券组合以最小化收益率的波动风险，因此马科维茨的均值—方差方法具有明显的借鉴意义。马科维茨的均值—方差方法已经发表了半个多世纪，经过不断发展，被广泛应用于各种真实资产和金融资产的选择。然而，该方法却一直没有被应用于商品出口市场结构的优化问题。本书试图突破这个局限。

第二节　文献回顾与分析

第二次世界大战结束以来，国际贸易发展迅速。根据 WTO 的统计数据，到 2014 年，全球出口总金额已经超过 19 万亿美元。在这个过程中，一些国家特别是发展中国家出口地理集中度较高的问题凸显出来，并在一定程度上造成其出口收入的波动。国内外学术界对此问题做了大量研究，并产生了比较丰富的研究成果。下面的文献梳理与回顾从出口市场结构、中国与东盟双边农产品贸易等五个方面展开。

一、出口市场结构和出口波动的衡量方法

衡量出口市场结构的方法较多，但是其衡量结果并无本质差别。这些方法主要包括 Hirschman 指标、Ogive 指标、熵（entropy）指标、Herfindahl 指标和总集中化（aggregate specialization）指标（Samen，2010）。其中，Hirschman 指标（也可以用来衡量商品集中度）①在国内外文献中较为常用，Herfindahl 指标和总集中化指标等都由其衍生而来。国内学者根据各自的研究目标也构建了一些指标。比如，方堃（2001）使用各出口市场出口份额的标准差表示出口市场的多元化程度；魏浩和马野青（2006）借鉴景观生态学中的指标，从均匀度方面衡量中国出口贸易的地区结构；另外，还有一些比较简单的方法，如使用出口前 10 国或前 5 国出口额占总出口的比重表示地理集中度（何秀荣、Wahl，2002；程国强，2004；杨长湧，2010）。

---

① Hirschman 指标的计算公式为 $\sqrt{\sum_{i=1}^{N}(x_i/x)^2}$，其中 x 为总出口量，x_i 为对第 i 个出口市场的出口量。该指标的数值越高，表明出口市场越集中。很明显，对出口市场分类标准的不同会影响该指标数值的大小。

对出口收入波动的研究方法可分为横截面分析和时间序列分析两种。横截面分析方法主要比较各国出口收入的不稳定程度，早期研究发展中国家的文献均采用此法（Massell，1964、1970）。时间序列分析方法主要研究一国出口收入的波动趋势。两种研究使用的衡量方法包括指数（exponential）、线性和移动平均三种趋势指标（trend index），其区别主要体现在残差的运算方面，但是各种指标对研究结果并不起决定性作用（Love，1987）。

二、各国市场结构的现状以及形成原因

强永昌（1992）从多个视角对中国出口市场结构进行分析，认为中国的出口市场结构在国别分布上虽然比较广泛，但是出口贸易过分集中于少数国家。Dowling 和 Ray（2000）总结了过去 20 年亚洲国家的贸易和投资模式，并且分析了亚洲地区的出口市场结构、贸易体制、进口市场结构的变化及其深层次原因。高敬峰（2001）认为，中国的出口市场主要集中于中国香港、美国、日本、欧盟和东盟等国家和地区。华晓红（2002）认为，中国对日本和中国香港市场的依赖程度非常高，对拉美和欧盟的市场开拓不足，对美国和其他市场的出口份额比较合理。与世界其他主要贸易国家相比，中国的出口市场集中度适当。另外，裴向军（2004）分析了浙江省的出口市场格局。朱晶（2004）分析了中国的三类劳动密集型农产品，即肉类产品、蔬菜水果产品和水产品的出口市场结构，研究结果表明中国对各主要出口市场的贸易扩张程度并不平衡。庞守林和田志宏（2004）使用各种指数比如贸易竞争指数、市场占有率、市场集中度和显示性比较优势指数等分析了中国苹果对外贸易的产品结构和市场结构等。Guo（2004）从文化角度分析了中国和美国的双边贸易，并且认为语言的联系对于两国双边贸易的影响甚于地理距离的影响。吕丹丹和杨丽华（2010）

利用偏离—份额分析法对浙江省的出口市场结构进行了分析。结果表明，浙江的出口市场结构基本合理，而欧盟是浙江最具潜力的出口目标市场。高群和宋长鸣（2015）利用结构变化指数、分散化指数和收益性结构指数分析了中国各类蔬菜的出口市场结构变动情况，但是没有给出结构变化的具体原因。

三、地理集中度与出口收入波动的关系

一般认为，地理集中度过高会导致出口收入的不稳定。这种观点已经成为各国政策制定者推行出口多元化战略的依据（Adams 和 Behrman，1982；UNDP，2011）。可是，在经验分析中二者的关系并不明确。Hirsch 和 Lev（1971）对丹麦、荷兰和以色列三国 500 家企业的统计分析表明，地理集中度越低，出口收入越稳定。Qian（1997）对 20 世纪整个 80 年代美国企业的研究也支持 Hirsch 和 Lev 的结论。另外，Sarada 及其合作者（2006）关于印度海鲜食品出口的研究也表明，出口市场的集中会增加出口收入的不稳定性。国内一些学者对中国出口贸易的研究（农产品、纺织品和其他工业制成品贸易）也证实了二者之间的正相关关系（刘靖、毛雪峰、辛贤，2006；徐颖君，2006；许培源、胡日东，2006）。然而，也有许多国内外的研究表明二者的关系并不显著甚至负相关（Massell，1964、1970；Love，1987；Stanley 和 Bunnag，2001；Hamid，2010；Sujan et al.，2010；Neto 和 Romeu，2011；La，2011；易会文、黄汉民，2014）。

四、优化出口市场结构的方法

关于如何优化出口市场结构，大多数研究并没有给出系统的理论分析和具有可操作性的解决途径，但是大都建议“开拓新市场”（Adams 和 Behrman，1982；UNDP，2011；程国强，2004；魏浩、马

野青，2006；杨长湧，2010；刘乃全、戴晋，2015）。很明显，出口市场结构的优化问题至少应考虑每个出口市场的波动风险，Markowitz（1952、1959）的均值—方差方法为此问题提供了一种解决思路。Hirsch 和 Lev（1971）的研究较早将马科维茨的理论与出口市场多元化联系起来，但是仅仅验证了出口市场多元化与出口波动之间的反向关系。随后，一些学者开始尝试将此方法应用于出口市场的最优选择。比如，Board 等人（1987、1991）、Kennedy（1998）、Jang 和 Chen（2008）使用不同的预期“收益”变量——来自各客源地的夜床次（bednights）、旅游收入的增长率以及旅客数量，分别研究了西班牙、爱尔兰和中国台湾旅游业客源地市场的有效组合。这些研究存在以下不足：Board 等人和 Kennedy 的研究没有考虑来自各客源地的夜床次和旅游收入增长率的均值之间的显著差异，而这种差异会导致方差或标准差衡量的风险不具有可比性。另外，他们的研究也没有考虑事前份额和事后份额的区别，从而只给出了实际上是“事前份额”的错误结果；Jang 和 Chen 的研究尽管考虑了各客源地旅客数量均值的显著差异，却没有区分旅客数量的波动特点。来自某些客源地的旅客数量可能围绕均值波动，另一些则可能具有明显的递增或递减趋势，而对于不同的波动特点，需要构建不同的理论模型。

五、中国与东盟之间的农产品贸易

国内外学术界在中国对东盟出口市场结构方面的研究较少。下面的文献综述主要涉及中国与东盟双边农产品贸易在其他方面的研究，并从现状与存在的问题、双边贸易的竞争性与互补性、零关税问题三个方面展开。

1. 双边农产品贸易的现状及存在的问题

Suthiph 和 Chirathiva（2002）认为中国和东盟在谷物、牛肉和牛奶等产品上均不具有明显的竞争优势。崔丹（2009）认为，在中国与东盟经贸合作不断深入的同时，双方的贸易结构逐步出现了趋同化。20世纪90年代以后，农产品贸易在中国和东盟双边贸易中的比重逐步下降。Taylor等人（2010）以中国与东盟自由贸易区为例，研究了农产品贸易自由化对农村福利的影响，认为在大多数情况下农产品贸易中的关税减免或降低产生积极效果，中国与东盟自由贸易区的农业保护政策对农村家庭来说可能是不利的。魏民（2015）认为，2002年《中国与东盟全面经济合作框架协议》签署之初的简单自由贸易区模式已经不再适应中国与东盟双边经济贸易的发展。孙林及其合作者（2015）认为，提升中国和东盟区域贸易的便利化水平，可以显著提高区域内粮食进口规模，提升区域粮食可获得性水平。章胜勇和王诗薇（2016）将中国对东盟的蔬菜出口增长分解为广度、数量和价格三个方面，并运用三元边际模型进行实证分析。其主要结论为中国对东盟的蔬菜出口遵循“数量增长为主，价格增长为辅”的贸易增长模式。颜小挺和祁春节（2016）也运用三元边际方法分析中国水果对东盟的出口增长路径。研究表明，中国水果对东盟的总体出口增长主要是由价格边际带动，其次是扩展边际和数量边际；价格边际对东盟各国出口增长的作用在不断增强，扩展边际和数量边际因国家而异。

2. 双边农产品贸易之间的竞争性与互补性

Thom和郑一省（2002）指出，农产品贸易是中国与东盟国家经济合作的重要领域，双方农产品互补性明显，发展潜力巨大。但是，孙笑丹（2003）通过对中国与东盟三国（泰国、马来西亚、印度尼西亚）农产品出口结构相似度指数、反应度指数和分散度指数的测算，发现双方农产品贸易在市场结构和产品结构上均存在较高的相似性，且竞争越来越激烈。荣静、杨川（2006）的实证分析也表明了这一点，即中国和东盟农产品贸易以竞争为主，互补性在不断降低。黄春全和聂宇欣（2013）认为，中国与东盟双边稻米贸易的不稳定性与不平衡性比较突出。具体而言，双边稻米贸易具有市场地位极不对等、比较优势差异较大和贸易互补性较强等特征。通过对具体产品的分析，谭立群（2014）认为，东盟在香蕉、椰子等水果上表现出较强的竞争优势，而中国在苹果和坚果等方面竞争力较强，并且双方在其他的一些水果品种方面仍然具有很强的互补性。

3. 零关税及其影响

根据“早期收获计划”，从 2004 年开始，中国和东盟国家将近 600 种农产品的关税逐渐降至零。中国和东盟实行的农产品零关税政策，给中国农产品开拓东盟市场既带来了机遇，也带来了挑战和压力。王俊霖（2004）指出，由于一些经销商利用某些农产品市场容量大且需求大于供给的特点，在进口价格下降的背景下，仍然维持国内高价，从而影响了中国蔬菜、茶叶和温带水果的出口增长，也影响了泰国热带水果的出口增长。谢德保和郭坤龙（2007）认为，在扩大贸易规模的同时，零关税安排还可以推进中国农产品在中国与东盟间的自由流通。郭静（2009）认为零关税政策极大地降低了中国农产品的出口成本，特别有利于中国蔬菜和水果的出口。许庆及其合作者（2011）运用系统动力学的方法模拟了中国与东盟农产品零关税实施后的双边贸易和对中国经济的影响。结果表明，零关税政策的出台对双边贸易额度的提升有明显促进作用，但对中国整体经济运行没有造成明显扰动。李树丽和祁春节（2012）认为，中国与东盟全面步入零关税时代，给中国柑橘产业带来了巨大的市场和出口平台等利益，但是也带来了前所未有的挑战。

综上所述，国内外学术界关于出口市场结构方面的研究成果虽然比较丰富，但是在出口市场结构优化方面的成果较少。已有的几篇文献主要涉及旅游市场的有效组合，但是在市场的分类和模型构建方面都还存在一些不足之处。而国内外关于中国和东盟双边贸易的研究，则没有涉及出口市场结构优化方面的问题。

第三节 出口市场选择中的市场失灵

一、市场失灵的含义

市场失灵指“看不见的手”不再发挥作用，或者说市场无法通过自身的调节达到帕累托最优状态。根据福利经济学第一定理，任何竞争性均衡都是帕累托最优。因此，根据 Ledyard（1996）的观点，理解“市场失灵”的最好办法是先理解“市场成功”，即理想化的竞争市场使资源配置达到帕累托最优状态的能力。进一步地说，福利经济学第一定理可以分解为三个部分：（1）有足够的市场；（2）所有消费者和生产者都按竞争规则行事；（3）假如存在竞争性均衡，那么该均衡下的资源配置就达到了帕累托最优状态。因此，如果市场没有达到帕累托最优状态，一定是上述三项条件中的至少一项不成立。

第一项条件要求有足够的市场。虽然对于“足够”的具体含义很难做出严格的界定，可是一般原则是，如果一个经济主体试图与别的经济主体交易某物（可以是面包、工厂里排放的烟雾，还可以是国防开支），那么对于此物必须有一个市场，必须有一个正确的价格。因为没有市场和价格，该经济主体可能就无法使别的经济主体获悉可以使双方都得到改善的互利贸易的信息。很明显，在存在信息不完全、外部性和公共品的场合，“足够的市场”这一条件无法满足。在信息不完全的场合，如果消费者对市场价格或者产品的质量没有准确的信息，市场就不会有效地运作。信息的不完全可能会给生产者一种刺激，导致他们生产太多的某些产品，而对另外一些产品生产太少。对于某些消费者而言，即使产品有益可能也不会去购买，而另外一些消费者可能会购买某些对他们有害的产品。每一个这样的信息问题都会导致竞争性市场的无效率。当一种消费或生产活动对其他消费或生产活动产生了不反映在市场价格中的间接影响时，就存在外部性。因为此时的价格并没有为经济主体提供正确的信息和适当的激励，或者说此时的市场就不是“足够的”。公共品指这样一种产品，它能够让许多消费者同时消费，但是一旦该商品提供给了一部分消费者，就很难阻止其他人也消费它，结果就是其他人不会支付正常的市场价格，从而导致消费者的行为没有受到价格的适当约束。

第二项条件指所有市场参与者都必须按照竞争规则行事。这意味着各个参与者都是价格的接受者，其行为不能影响价格。在这个过程中，消费者的偏好最大化受制于预算约束，生产者则在成本的约束下争取利润最大化，双方都将价格视为既定。但在市场参与者能影响价格，并能够在此项行动中得到好处时，这项条件就被违反了。违反这项条件致使市场失灵的标准例子是垄断，即一个市场参与者是某种产品的唯一供应者，该参与者可以通过人为的限制供应去提高价格，即使结果是低效的，但也可使他自己得到好处。

违背第一项和第二项条件时出现的结果可能是非竞争性均衡，也可能是凯恩斯宏观经济学中的所谓“失衡”，即总供给与总需求之间的失衡。而失衡的原因可能是由于价格粘性的存在，也可能是由于生产者或消费者对未来的悲观预期（信息不完全），不愿意投资或不愿意消费。在这种场合中，凯恩斯主义经济学认为政府的需求干预可以打破僵局，并进一步推动经济发展的进程。

需要特别强调的一种市场失灵就是，市场作为一种制度安排，在某些场合发现价格的成本太高（此时没有市场，也没有价格），以至于企业或国家这样类似的科层制安排成为一种成本相对较低的最优选择。在这种场合，市场本身无法协调众多经济主体参与的活动，因此也称为协调失灵。

二、出口市场选择中的市场失灵

出口企业在出口市场选择中的市场失灵主要来源于信息不完全、外部性和协调失灵三个方面。比如，出口企业不可能完全了解每一个出口市场的波动风险，因此现实中的出口企业可能选择进入了风险较大的市场，而放弃了风险较小的市场，从而导致出口市场结构从风险最小化的角度没有得到优化。出口市场的选择中存在外部性，其原因在于：一方面，即使是处于同一个产业中的每一家企业的产品，都或多或少存在着差异（垂直性差异或水平性差异）；另一方面，出口市场对来自国外的新产品都有一个从了解到接受或拒绝的过程，从而出口企业并不完全清楚新市场对其产品的接受程度。因此，当出口企业选择出口市场时，往往更倾向于选择该类产品已经被消费者广泛接受的出口市场。而对于没有类似产品销售历史的新市场，出口企业一般不敢贸然进入。但是，一旦某产品被新市场完全接受，同一产业内的其他企业就可以利用这个免费的信息（该市场接受该类产品），而不用对第一家进入的企业付费。很明显，在这个过程中，第一家企业承担了失败的风险并提供了“有用的”信息，却没有获得相应的回报。第三类市场失灵来自于协调失灵，即市场本身无法协调所有出口企业的出口市场选择。即使所有的出口企业对全部出口市场的风险信息都已经了解，此时不存在外部性问题，但是对于哪些企业进入哪些市场、各自销售多少份额以及如何监督各自的行为，市场本身由于高额的交易成本而无法协调所有出口企业的行为，从而可能导致该产业的出口企业在出口市场选择中的协调失灵，并最终导致整个产业的出口波动水平较高。现实中，信息不完全、外部性和协调失灵三种情况往往并存，其结果就是同一个产业内的出口企业选择以“扎堆式”的方式进入少数市场。当这些“被选中的市场”波动风险较高时，该产业的总体波动风险就会偏高。

三、市场失灵的证据及其干预

2001 年，中国加入世界贸易组织时承诺 3 年内取消外贸经营权的审批制并改为登记制。2004 年，随着“入世过渡期”的结束，中国取消了审批制。也就是说，中国的所有企业在登记后都可以经营除国营（现称“国有”）贸易产品①外的所有产品。其结果就是，目前从事农产品出口的企业数量庞大。在 2013 年，中国的农产品出口总金额为 671.1 亿美元。在所有的农产品出口企业中，只有 39 家企业的出口金额超过 1 亿美元。这一年，广东粤港供水有限公司的出口金额最多，为 4.8 亿美元。这一年，即使排名前 20 位的所有企业的出口金额占农产品总出口金额的比重也仅为 6%。这意味着大量的出口企业均为中小企业。如果每家企业的年平均出口金额达到 1 000 万美元，则至少存在 6 000 多家出口企业。② 很明显，这些为数众多的中小企业不可能有资金和能力去了解每一个出口市场的风险状况，其相互间也不可能通过协调的方式实现出口市场的整体优化配置。

现实中，出口市场选择中存在市场失灵的另一类证据就是某些特殊商品的出口市场结构没有达到“最优”状态。一般而言，出口企业

① 依据世界贸易组织以及《货物进出口管理条例》、《出口国营贸易管理货物目录》和《进口国营贸易管理货物目录》等的规定，中国目前还保留了对粮食、棉花、植物油、食糖、原油、成品油、化肥、烟草等 8 种关系到国计民生的大宗产品的进口和对茶叶、大米、玉米、大豆、钨及钨制品、煤炭、原油、成品油、丝、棉花等商品的出口实行国营贸易管理的权利。也就是说，这些产品要由政府指定的数量有限的国营（现称“国有”）外贸企业专营。同时，允许一定比例的商品比如原油、成品油的进口由非国营（现称“国有”）贸易公司经营。

② 2006 年，在商务部发布的农产品出口“十一五”发展规划中，提到全国有 1.76 万家农业出口企业。

的出口动机除了稳定出口量或其增长率之外，还可能包括利润最大化、提高国际市场占有率等。因此，出口企业可能不将稳定出口作为首要目标。不过，对于某些特殊商品比如生鲜农产品而言，如果不在特定的有限时间内出售，则意味着“血本无归”。在生鲜农产品的场合，尽管出口企业更可能优先考虑出口的稳定，但是单个出口企业（特别是一些中小企业）往往很难获得国内外所有出口市场波动风险的完全信息，并且其拓展新市场的行为具有明显的正外部性。而在整个产业层面，除了信息和外部性问题外，由于较高的协调成本，市场本身很难协调所有出口企业对目标市场的选择。本书第六章所关注的苹果就是一类典型的易腐品，根据我们的研究，中国苹果现有的出口市场结构并不是最优结构（详见后文）。

根据张五常（1978）的总结，市场失灵是政府干预市场运作的三个理由之一①。今天，已经没有经济学家会认为政府不应该对经济进行干预。不过，存在一个干预程度的问题。理论上，恰当的政府干预可以纠正任何市场失灵。但是在现实中，政府的干预常常事与愿违。一般而言，政府干预成功的关键取决于受委托执行管理的官员们的能力和忠诚，当这些素质缺乏时，所产生的政府失灵比要去纠正的市场失灵可能更糟糕（韦尔，2011）。因此，考虑到政府“正确地”干预市场的困难较大，大多数经济学家都认为政府的作用应该限定在尽可能窄的范围内。针对出口市场选择中的市场失灵，理论上政府也应该伸出“看得见的手”。同样，考虑到现实中政府的干预行为常常伴随的较高的失败概率，本书的目的不在于鼓吹政府应该干预出口企业对出口目的地的自由选择，而是提供一种技术性的分析工具。具体而言，当政府重视某一产业整体的出口波动水平，并已经决定要调整出口市

① 另外的两个理由是：卖淫和赌博因为违背道德而应该被禁止；公共政策可以用来改善收入分配。

场结构时，本书可以为政府如何去引导出口企业正确地选择出口市场提供具有明确方向的备选方案。

第四节　中国政府的出口市场多元化战略

中国改革开放以来，对外贸易获得了快速的发展。中国的比较优势主要来自廉价劳动力，而发达国家的劳动力成本较高，并因此成为中国劳动密集型产品的主要出口市场。针对这种情况，在 20 世纪 90 年代初期，中国政府第一次提出以降低出口市场集中度、减少出口波动风险为主要内容的市场多元化战略，并在随后的各个五年计划中均提出了类似的战略目标。到 2014 年，中国的商品出口市场结构仍然比较集中（见表 1-1）。

表 1-1　　中国的商品出口市场结构　　单位：%

地区＼年份	1990	1995	2000	2005	2010	2014
亚洲	71.75	61.84	53.09	48.09	46.39	50.84
欧洲	15.01	15.45	18.25	21.74	22.51	18.77
北美洲	9.04	17.64	22.18	22.92	19.38	18.24
拉丁美洲	1.26	2.12	2.88	3.11	5.82	5.83
大洋洲	0.85	1.28	1.57	1.69	2.09	1.78
非洲	2.09	1.68	2.02	2.45	3.80	4.54

资料来源：中国统计局数据库。

1991 年 4 月，第七届全国人民代表大会第四次会议批准了《中华人民共和国国民经济和社会发展十年规划和第八个五年计划纲要》。这一纲要提出要进一步扩大对外开放，具体包括以下内容：继续坚持对外开放的基本国策、努力扩大出口和增加外汇收入、实行有利于扩大出口的政策和措施、合理安排进口和调整进口结构、积极有效地利用外资、进一步贯彻沿海地区经济发展战略，积极发展外向型经济、改革外贸和外汇管理体制。尽管关于对外贸易的建议较多，但是并没有提出关于调整出口市场结构的内容。

1992 年 10 月，中国共产党第十四次全国代表大会建议国务院对“八五”计划做出必要的调整。国务院随后提出的调整意见于 1993 年 3 月得到中央政治局的同意。这个调整建议包括 11 项内容，其中第 9 项是扩大利用外资规模，加快发展对外贸易。在第 9 项建议中，中国政府首次提出实行出口市场多元化战略的目标——“为了扩大外贸出口，要实行国际市场多元化的战略，在继续巩固和扩大欧美、日本等市场的同时，努力开拓其他国际市场”。

1996 年 3 月，第八届全国人民代表大会第四次会议批准了《中华人民共和国国民经济和社会发展“九五”计划和二〇一〇年远景目标纲要》。该纲要共分为 11 项内容，其中第 8 项为扩大对外开放程度，并提出中国的对外贸易要坚持以质取胜和市场多元化的对外贸易战略。具体要求为“积极参与和维护全球多边贸易体系，发展双边和多边贸易，相互促进，实现市场多元化。在巩固提高传统市场占有率的基础上，大力开拓新市场，拓展出口渠道”。

2001 年 3 月，第九届全国人民代表大会第四次会议批准了《中华人民共和国国民经济和社会发展第十个五年计划纲要》。该纲要共分为 10 篇 26 章。其中，第 17 章为扩大对外开放，发展开放型经济。在这一章中，提出要积极发展对外贸易，更好地实施以质取胜、市场多元化和科技兴贸战略，努力扩大货物和服务出口，2005 年货物进出口总额达到 6 800 亿美元，积极开拓新的出口市场，优化出口商品结构和市场结构。

2006 年 3 月，第十届全国人民代表大会第四次会议批准了《中华人民共和国国民经济和社会发展第十一个五年规划纲要》。该纲要共分为14篇48章。其中，第35章为加快转变对外贸易增长方式，提出要优化出口结构，积极开拓非传统出口市场，推进市场多元化。

2006年8月16日，商务部编制了中国农产品出口的第一个五年发展规划——《农产品出口“十一五”发展规划》。这个规划的前言提到，“多年来，我国农产品出口的传统市场集中在日本、中国香港、欧盟、美国、韩国、东盟六大市场，尽管目前对六大市场的出口比重仍保持在80%以上”。进一步地，在“分市场发展目标”中提出，建立多元化的全球农产品市场体系，是“十一五”期间扩大农产品出口的重要目标之一。要稳定和扩大日本、中国香港、东盟、韩国市场，深度开发欧盟、美国市场，进一步扩大对俄罗斯、加拿大、印度等市场的出口，同时努力开拓拉丁美洲、大洋洲、非洲等新兴市场。

2011年3月，第十一届全国人民代表大会第四次会议批准了《中华人民共和国国民经济和社会发展第十二个五年规划纲要》。该纲要共分为16篇62章。其中，第51章为优化对外贸易结构，提出要鼓励企业建立国际营销网络，提高开拓国际市场能力，积极开拓新兴市场，推进出口市场多元化。

“十一五”以来，中国机电产品出口继续高速增长，总体规模比“十五”期间翻了一番多。截至2010年，机电产品连续16年保持第一大类出口商品的地位。机电产品出口已成为国民经济和对外贸易的重要组成部分。但是，依靠低成本扩张、价格竞争的粗放式出口增长模式没有根本改变。企业创新能力不强、核心技术缺乏、产品质量不高、同质化严重、境外营销服务缺乏、出口秩序混乱等深层次矛盾和问题没有根本解决。2011年7月，商务部和外交部等11个部门联合印发了《关于“十二五”期间促进机电产品出口持续健康发展的意见》。该意见提出，要推动出口市场结构从传统市场为主向多元化市场全面发展转变。巩固欧洲、美国和日本等传统市场，大力拓展中东、拉美、非洲、东盟、南亚等发展中国家新兴市场。努力实施好已签署的自贸协定，加快区域内贸易便利化进程；努力将对新兴市场的出口比例提高到40%左右，增量占比提高到60%以上。并且，在健全海外营销网络和售后维修服务体系、贸易促进、金融支持、出口融资、贸易便利化、公共信息服务、出口产品检验双边互认、商务人员出国签证便利化、完善贸易摩擦应对机制等方面提出了具体措施。

2016年3月，第十二届全国人民代表大会第四次会议批准了《中华人民共和国国民经济和社会发展第十三个五年规划纲要》。该纲要共分为20篇80章。其中，第49章为完善对外开放战略布局，提出要优化对外贸易布局，推动出口市场多元化，提高新兴市场比重，巩固传统市场份额。

综上所述，中国政府在各个时期针对不同的现实情况，对出口市场多元化战略的表述和侧重点并不完全相同。尽管这个战略在最近20多年中的实施效果并不十分显著，但是中国政府对出口市场多元化的政策主张却一直非常明确和坚定。很明显，这些主张为本书将要提出的调整中国对东盟农产品出口市场结构的建议，提供了充分的政策上的“合法性”。

本章小结

中国从加入世界贸易组织到2015年，对东盟农产品的出口金额已经超过140亿美元，增长了10倍多。然而，中国农产品在东盟市场的出口增长率在最近的10多年中经历了比较频繁的波动。实证分析表明，中国关于对东盟出口市场结构的变动对农产品出口增长率的变动有显著影响。

国内外学术界关于出口市场结构方面的研究成果虽然比较丰富，但是在出口市场结构优化方面的成果较少。已有的几篇文献主要涉及旅游市场的有效组合，但是在客源地市场的分类和模型构建方面都还存在一些不足之处。而国内外关于中国和东盟双边农产品贸易的研究，则没有涉及出口市场结构优化方面的问题。

在市场经济中，一个产业的出口市场结构是出口企业对出口目的地做自由选择的结果。出口企业在出口市场选择中的市场失灵主要表现在信息不完全、外部性和协调失灵三个方面。现实中，信息不完全、外部性和协调失灵三种情况往往并存，其结果就是同一个产业内的出口企业选择以“扎堆式”的方式进入少数市场。当这些“被选中的市场”波动风险较高时，该产业的总体波动风险就会偏高。

改革开放至 20 世纪 80 年代末，中国的商品出口市场主要集中于少数发达国家和地区。针对这种情况，在 20 世纪 90 年代初期，中国政府第一次提出以降低出口市场集中度、减少波动风险为主要内容的市场多元化战略，并在随后的各个五年计划中均提出了类似的战略目标。到 2014 年，中国的商品出口市场结构仍然比较集中。

第二章

需求波动、贸易模式与出口市场组合

自斯密以来，经济学家对国际贸易原因的理解已经发生了很大的变化。考虑到各国市场需求的波动性，本章将从市场组合的角度为国际贸易的发生提供一个新解释。在这个新的解释中，代表性企业开展出口活动只是为了降低预期销量的波动水平。进一步地说，在这个新解释的基础上，如果把国内市场也当作一个“出口”市场（Hirsch 和 Lev，1971），并将企业替换为产业，那么可以引出整个产业出口市场的选择和组合问题。当然，对整个产业的出口市场进行组合，仍然是为了降低产业出口的总体波动水平。

本章各节内容如下：第一节在简单地回顾了国际贸易理论的发展历史后，构建了一个基于市场需求波动视角的国际贸易模式决定模型；第二节简单地介绍了马科维茨创建的现代资产组合理论，借鉴这个理论的思想，可以解决第一节中遗留的问题——如何求解代表性企业或一个产业的最优市场份额；第三节比较了出口收入和证券投资收入在不确定性和相关性方面的异同；第四节基于出口收入不确定性来源的特殊性，引出了一个可用于比较不同出口市场波动风险的指标——相对方差；第五节，在相对方差的基础上，借鉴马科维茨模型的方法构建了两类出口市场组合模型，用于计算以出口波动风险最小化为目标的最优出口市场结构。

第一节　基于需求波动视角的国际贸易模式

一、国际贸易理论的回顾与总结

正如 Krugman 和 Obstfeld（2000）所言，“解释国际贸易的模式，即谁卖给谁，是国际经济学家的首要任务”。面对日趋复杂的国际贸易现象，经济学家提出了不同的理论，每个理论却只适用于一个有限的范围（Jones 和 Neary，1984）。毫无疑问，一些与国际贸易相关的早期观点及争论奠定了现代国际贸易理论的基础。其中，Smith 和 Ricardo 基于劳动生产率差异的古典贸易理论代表了早期理论的最高成就，至今还在发挥重要影响。经济学进入新古典阶段以后，Heckscher（1919）和 Olin（1933）抛弃了 Smith 和 Ricardo 的技术差异假设，使用供给面中的另一类因素即要素禀赋的相对差异解释贸易模式。随后，Haberler、Leontief 和 Meade 等人提出了国际贸易的标准模型。该模型在一般均衡的分析框架下，将技术、要素和偏好集于一体，并根据这三个方面的差异解释贸易模式，从而使 20 世纪 60 年代以前在国际贸易理论中占据主导地位的 H-O 理论成为包含于该模型的一个特例。

20 世纪 50 年代 Leontief（1953）发现的悖论（称为 Leontief paradox）似乎给了 H-O 理论当头一棒，但其重要意义并不在于否定了 H-O 理论所预测的贸易模式，而是在于引发了学术界对标准贸易模型的全面反思。于是，标准贸易模型中的一些假设被放松，并涌现出了许多新的贸易理论。这些理论考虑了导致贸易发生的诸多方面，包括技术水平的差异、需求条件发挥的积极作用、规模经济、不完全竞争以及比较优势的时间维度等（Appleyard et al.，2008）。其中，以Krugman（1979、1985）为代表的经济学家所贡献的新贸易理论尤为引人瞩目。其原因在于，新贸易理论从多个方面（规模经济、不完全竞争和产品差异化）突破了以前的理论假设，并较好地解释了发达国家之间的产业内贸易。20世纪90年代，杨小凯（1996）使用超边际分析的方法，以交易效率的改进为起点，强调分工的不断演进会导致内生比较优势的出现，最终国际贸易成为众多的内生结果之一。进入21世纪以来，Melitz（2003）和Antras（2003、2005）开创的新新贸易理论（New-new Trade Theory）将关注视角转移至企业层面，这些理论强调的企业异质性、不完全合约（Incomplete Contract）等因素也可以决定一国的比较优势。

国际贸易模式决定理论的上述发展轨迹表明，其假设越来越贴近现实，理论视角越来越微观化，所使用的分析工具和技术越来越精细，对贸易现象的解释力也越来越强大。可以预期的是，当前以及未来的社会和经济背景将如历史那样，为贸易模式决定理论的不断发展继续提供推动力。

二、基于需求波动视角的贸易模式

第二次世界大战结束以来，在各国之间的经济联系日益紧密的同时，一国产品在其国内外市场的销量由于诸多因素的综合影响往往呈现出较强的不确定性。针对这个特定的现实背景，引入更贴近现实的新假设——市场需求具有波动性，可以构建一个新的贸易模式决定模型。在这个模型中，两国的供给面和需求面完全相同。① 值得强调的

① 根据所强调的因素是隶属于需求面还是供给面，已有的贸易模式决定理论可以区分为供给理论和需求理论。在需求理论中，除了标准贸易模型（同时隶属于供给理论和需求理论）外，还有Mill（1848）的相互需求理论和Linder（1961）的重叠需求理论。为了凸显需求或需求的某些特征对贸易模式的影响，需求理论一般忽略生产方面的变化，而这样的模型被Jones和Neary（1984）称为“交易模型”。很明显，供给理论在数量上占据优势。

是，为了凸显“稳定销量”在决定国际贸易模式中的独立作用，下面构建的贸易模型通过严格的假设，剔除了已有贸易模式决定理论所强调的那些关键因素。

1. 假设条件

（1）两个国家1和2，其要素禀赋完全相同，各有 m 家同质企业（生产规模和技术相同），均只生产一种同质产品。并且，两国企业的生产和销售活动完全对称。

（2）两国对该产品的市场需求量均为随机变量，且均服从正态分布 $D_i \sim (d_i,\ \sigma_i^2)$，$(i=1,\ 2)$，其中 $d_1=d_2$，$\sigma_1=\sigma_2$。

（3）两国市场均为完全竞争结构。

（4）没有运输成本和关税。

2. 模型

以国家1为例，其代表性企业 a 在国内外两个市场的预期销量为：

$$Q_a = X_1 d_1/m + X_2 d_2/m \tag{2.1}$$

其中，X_1 和 X_2 分别表示企业 a 在国家1和国家2所分配的销售比例，因此 $0 \leq X_1 \leq 1$，$0 \leq X_2 \leq 1$，且 $X_1+X_2=1$。如果 $X_2=0$，则表示不出口。

由于两国企业完全同质、面临相同的市场需求且完全对称，因此国家2的代表性企业 b 在国内外两个市场的预期销量可用式（2.2）表示：

$$Q_b = X_1^* d_2/m + X_2^* d_1/m \tag{2.2}$$

很明显，$X_1=X_1^*$，$X_2=X_2^*$，即两国企业都把 X_1 的产品分配在国内销售，把 X_2 的产品分配在国外销售。由于所有企业的产品完全同质，可进一步假设其“运气”也一样，即尽管都面临不确定性的市场需求，但是每家企业所能实现的市场份额却均等。因此，代表性企业

a 预期销量的波动风险（用预期销量的方差衡量）可表示为：

$$\begin{aligned} D &= E(X_1D_1/m+X_2D_2/m-Qa)^2 \\ &= [X_1^2\sigma_1^2+X_2^2\sigma_2^2+2x_1x_2cov(D_1,D_2)]/m^2 \\ &= (X_1^2\sigma_1^2+X_2^2\sigma_2^2+2x_1x_2r_{12}\sigma_1\sigma_2)/m^2 \end{aligned} \quad (2.3)$$

其中，r_{12}是两个国家对该同质产品的市场需求之间的相关系数。当$r_{12}=1$时，根据式（2.3）可得到$D=(x_1\sigma_1+x_2\sigma_2)^2/m^2$，由于$\sigma_1=\sigma_2$，于是$D=\sigma_1^2/m^2$，表明无论代表性企业a是否出口，其预期销量的波动风险不会改变（不出口，即$X_2=0$时，其国内市场风险也为σ_1^2/m^2）。当$r_{12}<1$时，根据式（2.3）可得到$D<(x_1\sigma_1+x_2\sigma_2)^2/m^2$，即$D<\sigma_1^2/m^2$，表明代表性企业$a$通过出口一部分产品，其预期销量所面临的波动风险小于不出口时的情况。由于两国的所有企业完全同质且对称，上述分析同样也适用于国家2的所有企业。因此，“降低预期销量的波动风险”可以成为两国开展国际贸易的“收益”，从而也可能成为决定国际贸易模式的原因，即使所进出口的产品完全同质。

为了稳定销量，代表性企业a的最优出口比例是多少呢？其计算过程类似于对Markowitz（1952、1959）所构建的均值—方差模型的求解，即在给定预期销量的约束条件下，最小化式（2.3）所代表的风险水平。很明显，两个国家最优的出口比例相同，并且两国的进出口数量也完全相等。

3. 福利分析

如果两国市场需求之间的相关系数不等于1（现实中的正常情况），通过相互出口两国都可以获得“降低预期销量的波动风险”的好处。考虑一种简单的情况，比如两国市场在贸易前都处于长期均衡状态，或者说两国市场通过调整，m家企业的预期利润均为0。由于两国之间的对称性，开展贸易后所有企业在两国市场所面临的需求不确定性、竞争性产品以及总供给数量与不开展贸易时的情况一样，因此两国价格的波动风险也不变，从而消费者福利水平不发生变化。对于生产者而言，贸易前后其生产数量、预期销量和预期利润均不变，而预期销量的波动风险下降。考虑到价格与预期销量相互不独立，预期利润波动风险的变化非常复杂——理论上可能增加、不变或下降。

4. 模型含义的拓展

上述分析不仅表明市场的选择会影响企业的销售波动风险，也为国际贸易的基础提供了一个基于需求波动视角的新解释。事实上，上述模型只需要做一些简单的调整，可以向三个方面拓展：（1）如果将本国市场当作一个“出口”市场，且两个出口市场需求之间的相关系数不为1，则意味着代表性企业通过在不同的出口市场之间安排适当的出口比例（两个出口市场的有效组合），可以有效地降低出口中的总体波动水平。进一步地说，在多个出口市场的场合，不同市场的风险及其相互间的相关系数一般会存在差异。因此，只要各市场需求之间的相关系数不都等于1（现实中的正常情况），企业通过在全球范围内的市场选择和安排（多个出口市场的有效组合），就可以有效地降低预期出口量的总体波动风险。（2）如果代表性企业在所有出口市场上的出口量呈现明显的上升或下降趋势，此时企业面临的波动风险主要表现为出口量增长率的不确定性。那么，前面的数理分析只需做简单修改（两国市场对代表性企业产品的需求增长率为服从正态分布的随机变量，因此企业要考虑销量增长率的稳定），在出口量呈现明显变化趋势的情形也可以得到类似的结论。（3）前面的模型考虑的是单个企业的情形，如果考虑整个产业，对前文的分析做出简单修改后也可以得到类似的结论，即两个国家各有一个相互对称的产业，但是两国市场对该产业产品的总体需求均为服从相同正态分布的随机变量，只要两国市场需求的相关系数不为1，就可以通过适当的销售份额分配，降低产业销量的总体波动水平。进而，如果整个产业的出口量呈现明显的上升或下降趋势，那么，也可以对该产业的所有出口市场进行有效组合，以达到稳定预期出口增长率的目的。

第二节　马科维茨的资产组合理论简介

前一节中提到，求解代表性企业（或一个产业）在各个市场上最优销售比例的方法，类似于马科维茨的均值—方差方法。本节简单介绍马科维茨的均值—方差方法，也就是马科维茨构建的现代资产组合理论。马科维茨在 1952 年发表的一篇论文中，最早同时采用风险资产的期望收益率和以方差（或标准差）衡量的风险来综合研究资产组合问题。所谓资产组合，就是投资者把资金分配于多种资产，其目的在于使总收益尽可能高，同时使风险尽可能低。后来，马科维茨又在 1959 年出版与论文同名的著作，进一步系统地阐述了资产组合的理论原理，由此奠定了资产选择的理论基础。该理论主要有以下观点：

第一，投资者选择资产的准则是，综合考虑资产的预期收益和资产收益率的波动风险，而不能仅考虑预期收益；第二，资产的收益与风险往往相伴而生，并且成正比，即收益率越高，风险也越大；第三，投资者选择资产组合的一般依据是，在既定的收益水平条件下使风险水平最低，或者在既定的风险水平下使收益水平最高；第四，资产组合的好处就是在获得单个资产收益的加权平均值时，所承担的总风险小于单个资产风险的加权平均值。

一、马科维茨模型

马科维茨的资产组合理论可以表示为如下形式：

$$\mathrm{Min}(\sigma_P^2) \qquad \sigma_P^2 = \sum_{i=1}^{N} X_i^2 \sigma_i^2 + \sum_{i=1}^{N} \sum_{\substack{k=1 \\ k \neq i}}^{N} X_i X_k \sigma_{ik}$$

$$\text{s. t} \qquad R_P = \sum_{i=1}^{N} X_i \overline{R_i}$$

$$\sum_{i=1}^{N} X_i = 1$$

$$X_i \geqslant 0 \ (i=1,\ 2,\ \cdots N)$$

上述模型的含义就是，给定各资产的方差、协方差、预期收益率以及资产组合的预期收益率，最小化资产组合的风险。其中，σ_p^2表示N种资产的组合风险。X_i表示投资者对第i种资产的投资份额，对X_i的非负限制意味着对卖空的限制。$\overline{R_i}$表示第i种资产的预期收益率。R_p表示N种资产组合的加权平均收益率。σ_i^2表示第i种资产的收益率的方差。σ_{ik}表示第i种资产与第k种资产收益率的协方差。

马科维茨模型的目标函数表明，资产组合的风险取决于三种因素：其一，各种资产收益率的波动风险σ_i^2；其二，投资者对各种资产的投资比例X_i；其三，各种资产收益率之间的协方差即σ_{ik}。值得注意的是，各种资产收益率的波动风险σ_i^2（一般情况下）既包括系统性风险也包括非系统性风险。系统性风险又称为不可分散风险，指对市场上所有资产都带来影响的各种因素，无法通过分散投资来消除。系统性风险主要来自经济形势或政治形式的变化，对绝大多数资产的收益会产生影响，当然不同资产所受到的影响并不完全相同。另外，系统性风险还将导致不同资产的收益率之间具有一定程度的正相关性。不同资产之间的正相关程度越高，通过组合投资来分散风险的效果越差。非系统性风险又称为可分散风险，指企业内部影响资产收益的各种因素。由于非系统性风险是个别企业或个别资产所持有的风险，因此又称为特别风险，可以通过多样化组合来降低或消除。

二、马科维茨资产组合理论的贡献与主要缺陷

一方面，马科维茨的资产组合理论被誉为金融理论的一场革命。在马科维茨之后，Sharpe（1964）和 Linter（1965）等人对发展和完善该理论都做出了重大的贡献。因此，现代资产投资组合理论通常也包括 Sharpe 和 Linter 等人的有关理论。其中，马科维茨对资产组合理论的重要贡献主要有以下两个方面：第一，运用协方差这样一个简单的数学概念，比较科学地揭示了分散风险的关键在于选择相关程度较低的资产。而传统的观点认为要降低风险，只能在组合中选择兼具低风险和低收益的各种资产。第二，从理论上否定了关于“组合中的资产种类越多越有利于分散风险”的错误观念。马科维茨认为，投资者持有一定数量的资产的确有助于分散风险，因为不同资产在风险和收益上具有互补性。但是，如果组合中包含过多的资产，会导致管理费用以及研究成本增大，最终的效果可能会适得其反。

另一方面，学术界对马科维茨的理论也提出了很多批评。此处主要介绍关于风险衡量方面的批评。方差衡量的是资产的收益率相对于均值对称性的离散程度。在现实中，资产的收益率往往会出现正的偏斜，即最高的收益率会高于均值很多，而最大的损失只是负的 100%。此时，使用方差衡量风险就会高估组合决策中的真实风险。理论上，资产的收益率也可能出现负的偏斜，此时用方差去衡量风险就会导致对真实风险的低估。事实上，马科维茨也承认方差的有效性存在一定问题。他在 1959 年的著作中，提出使用半方差来解决这个问题。尽管半方差能更合理、更准确地衡量风险，但由于以下两方面原因，并没有被普遍接受：其一，半方差涉及的计算量更大；其二，资产组合理论的实用性要求这一理论必须简单和实用。无疑，人们对方差比半方差更熟悉。

第三节　出口与证券投资之间的比较

马科维茨的均值—方差方法最初主要应用于有价证券等资本市场。经过不断发展，这一方法扩展到几乎所有真实资产和金融资产的选择问题上。“不确定性”和“不完全正相关性”是应用马科维茨方法的两个必要条件。资产收入的不确定性意味着存在降低风险的必要性，而资产收入之间的不完全正相关性意味着通过分散化投资降低风险的可能性。出口收入与证券收入类似，也存在不确定性和不完全正相关性两个特点，当然，二者在这两个方面并不完全相同。

投资者和出口国都面临着总收入的不确定性，但是不确定性的表现形式并不相同。对于证券投资者而言，投资数量一般仅取决于投资者的购买力和购买意愿，而证券价格却受到一系列外在因素的影响。比如，天气、军费开支、国际局势、新的发明以及企业经营管理的失误等都能影响一种或多种证券的价格从而影响收益水平。因此，投资者总收入的不确定性主要来自价格的波动。对于出口国而言，除了其供给能力和供给意愿，出口市场的国内政局、政策、供需状况和国际局势等因素既影响出口产品的价格也影响出口数量。所以，一国出口收入的不确定性表现为出口数量和出口价格二者的波动。第一章中图1-1所显示的出口收入增长率的波动，就是出口数量和价格共同波动的综合结果。

出口和证券投资中不确定性方面的差异，意味着投资者与出口国为了降低波动风险而选择的稳定目标可能不同。比如，投资者会选择最小化预期收益率的波动风险作为目标，而出口国则可以选择最小化预期出口量（出口数量或出口收入）或者最小化预期出口增长率的波动风险作为目标。值得注意的是，使用出口量或出口增长率的波动性衡量风险存在一个不足：对于刚刚进入或尚未进入的目标市场，面临着缺乏出口数据从而无法准确评估其波动风险的困难。不过，目标市场相应产品进口量或进口增长率的波动风险可以作为出口数据缺乏时的一个替代指标。但是这种基于进口视角的风险，反映的只是所有出口国在该市场所面临的平均风险，因此可能会低估或高估某个具体出口国的风险。

需要进一步指出的是，出口国和投资者稳定目标的不同导致方差不适合用来衡量出口所面临的波动风险。如果完全采用马科维茨的方法，以方差衡量出口波动风险并构建出口市场组合模型，则存在以下三个方面的问题：第一，方差概念一般被认为不适合用于比较不同水平的数列的波动程度（贾军俊、何晓群、金勇进，2000）。而一国对各出口市场的出口量或出口增长率的均值并不相同，并且往往存在显著差异（见后面各章对中国农产品出口量或出口增长率的描述）。① 如果不同数列的均值之间存在差异，只有剔除均值的影响，才能更准确地比较不同数列之间的波动程度。第二，如果一国对各出口市场的平均出口量或平均出口增长率存在显著差异，那么该国在各出口市场所面临的以方差衡量的风险也往往存在显著差异，理论上可能最终导致组合市场的方差趋于上升甚至无界。② 第三，对于既定的预期出口量（或预期出口增长率）和市场组合风险，方差越大的市场被分配的出口比例往往越小，而方差越小的出口市场被分配的出口比例往往越

① 同样，不同证券收益率的平均水平也不相同，而马科维茨忽略了这个问题。

② 马科维茨（2000）认为，即使各证券收益率之间相互独立，如果组合中证券收益率的方差相差太大，比如第二种证券是第一种的 2 倍，第三种又是第二种的 2 倍，以此类推，当证券数量不断增加，证券组合的方差将是无界的。当然，方差相差过大只是一种理论上的可能。事实上，如果对现实中的所有证券按照收益率方差的大小排序，第 100 种证券的方差并不比第 50 种大很多，第 200 种的方差也不比第 100 种大很多，所以在证券投资场合一般不会出现组合方差趋于上升甚至无界的情况。

大。但是，方差越小的出口市场其市场规模一般也较小，从而可能无法承受出口国大规模的出口。

除了不确定性外，证券投资的另一个突出特征是证券价格或收益之间存在不完全正相关性。像绝大多数经济变量一样，各种证券的价格或收益倾向于一起上升和一起下降。但是，证券的价格或收益之间并不完全相关，这意味着分散化投资可以降低风险但不能完全消除它（马科维茨，2000）。在经济全球化不断发展和深化的大背景下，一国对其他国家或地区的出口也往往具有一定的同步性。但是，经验事实（见后面各章对中国农产品出口量或出口增长率的描述）表明，一国对各国的出口量或出口增长率之间的相关系数不可能等于1。

综上所述，鉴于出口与证券投资在不确定性和相关性方面所存在的相似性，理论上借鉴马科维茨的方法以降低出口中的非系统性风险（指由出口市场自身的原因所造成的风险）具有可行性。但是，二者在不确定性方面表现的形式不同，意味着需要寻找合适的方法去衡量出口所面临的波动风险。这正是下一节的主要内容。

第四节　相对方差及其性质

作为反映离散程度的指标，方差由于便于代数运算、灵敏度高等优点，在实践中被广泛地运用。一般而言，由较大的标志值形成的分布数列，其平均数较大，从而其平均离差和方差也偏大；反之，由较小的标志值形成的分布数列，平均数较小从而其平均离差和方差也偏小。因此，方差不适合于比较不同水平数列的离散程度。

作为用相对数表示的第二类离散趋势指标之一，标准差系数常见于各类统计学教科书。它消除了不同分布数列的所有标志值平均水平的高低对标志变异指标的影响，反映分布数列中各标志值离差的相对水平。标准差系数被广泛应用于比较不同性质、不同单位或具有不同水平的数列的离散程度。与离散系数衡量相对离散程度（也是相对波动程度）的功能类似，可以定义一个如下所示的新指标——相对方差：

$$S(r)=E\left(\frac{r-\bar{r}}{\bar{r}}\right)^2,其中,\bar{r}为数列 r 的均值,且 \bar{r}\neq 0。$$

与方差概念不同，相对方差衡量的是数列中各数据相对于均值的相对偏离的平均水平。在数值上，相对方差的大小等于离散系数的平方，从而可以避免数列的均值为负值时使用离散系数衡量离散程度所面临的复杂情况。很明显，相对方差越大反映出数列中各数据之间的相对差异越大，相对方差越小则反映出数列中各数据之间的相对差异越小。

进一步地说，基于相对方差的上述定义，可以得到如下两个推论：

推论 1：令 $S(x)=E\left(\frac{x-\bar{x}}{\bar{x}}\right)^2$，其中，$\bar{x}$ 为 x 的均值且不等于 0，则 $S(x)$ 具有零次齐次性，即 $S(x)=S(\lambda x)$，且 $\lambda\neq 0$。

推论 1 表明，将一个数列中的所有数据同比例扩大或缩小，其相对方差不变。正是这个性质，使以相对方差衡量的不同水平数列的离散程度具有可比性。

推论 2：令 $S\left(\sum_{i=1}^{N} r_i X_i\right)$ 和 $V\left(\sum_{i=1}^{N} r_i X_i\right)$ 分别为多数列加权之和的相对方差和方差，其中 r_i 为分布数列 i，X_i 为权重。如果 $\sum_{i=1}^{N} X_i \bar{r}_i = A$ 为常数，则有 $S\left(\sum_{i=1}^{N} r_i X_i\right)=\frac{1}{A^2}V\left(\sum_{i=1}^{N} r_i X_i\right)$。

推论 2 可用归纳法予以证明（证明过程比较简单，此处省略）。这个推论揭示了多数列加权之和的相对方差和方差之间的关系。基于这种关系，可以利用相对方差更适合比较不同水平数列的离散程度的优点，同时却不需要直接计算每个市场以相对方差衡量的风险，从而没有显著增加计算量。

综上所述，相对方差比方差更适合衡量出口国在每个市场所面临的波动风险，其原因在于：一方面，相对方差衡量的是出口量或其增长率相对于均值的离散程度，从而消除了均值的影响，并使各市场的波动风险具有可比性；另一方面，使用相对方差衡量风险将使各出口市场的风险差异程度显著降低（相对于方差衡量的风险），而减少了理论上组合风险趋于上升甚至无界的可能性。

第五节 出口市场组合模型

出口收入或其增长率在各出口市场上面临着不确定性和不完全正相关性，意味着降低出口波动风险存在必要性和可能性。出口收入与证券收入中不确定性表现形式的差异，意味着使用相对方差衡量出口所面临的波动风险比方差更合适。进一步地说，一国对各出口市场出口量的波动特点，理论上大致存在三种可能：围绕均值波动、呈上升趋势和呈下降趋势。① 如果借鉴马科维茨模型的方法以降低出口中的非系统性风险，那么针对不同的波动特点应该选择不同的预期“收益”变量。比如在第一种波动中，出口国面临的是该类市场中所有出口量的不确定性，从而预期的“收益”变量可以选择为出口量，并需要构建以稳定出口量为目标的出口市场组合模型。而在第二种和第三种波动中，出口国面临的只是出口增长率的不确定性，从而预期的“收益”变量可以选择为出口增长率（如果仍然选择出口量作为预期

① 此处仅对出口量的波动趋势做一个大致分类，与时间序列分析中关于平稳与非平稳数据的分类不同。

收益变量，将高估各出口市场的风险），并需要构建以稳定出口增长率为目标的出口市场组合模型。根据这两类市场组合模型，可以计算出出口产品的有效市场组合，也就是既定预期出口量或出口增长率下的最优出口市场结构。

一、以稳定出口量为目标的出口市场组合模型

1. 假设

（1）出口国对各出口市场的出口量为服从正态分布的随机变量；（2）出口量围绕均值波动；（3）出口国建立出口市场组合的原则是，在既定的出口量下使波动风险最小化。

2. 模型

根据第四节中的推论 2，如果出口国的稳定目标为最小化预期出口量的波动风险，则其目标函数及其约束条件为：

$$\text{Min}\quad M_p = \frac{1}{{R_p}^2}\left(\sum_{i=1}^{N} X_i^2\sigma_i^2 + \sum_{i=1}^{N}\sum_{\substack{k=1\\k\neq i}}^{N} X_iX_k\sigma_{ik}\right)$$

$$\text{s.t}\quad R_P = \sum_{i=1}^{N} X_i\overline{R_i}$$

$$\sum_{i=1}^{N} X_i = 1$$

$$b_i \geqslant X_i \geqslant 0(i = 1,\ 2,\ \cdots N)$$

其中，M_P 表示基于相对方差视角的出口市场的组合风险。X_i表示出口国对第 i 个市场的出口量占总出口量的份额①，b_i 表示出口国对第 i 个出口市场的潜在最大出口份额。对 X_i的非负限制，类似于证券投

---

① 对于出口国而言，很多产品既满足内需也用于出口。因此，国内市场也可以视为本国产品的“出口市场”之一。另外，在实际应用中如果以国家为出口市场组合的基本单位，不仅计算量过大，其优化结果也缺乏政策上的灵活性和可行性。因此，需要对出口市场进行分组（比如按照地域或者发展水平），当然这个过程具有一定的主观性。

资场合对卖空的限制，即不考虑出口国作为贸易中间商的情形。σ_i^2 表示出口国对第 i 个出口市场出口量的方差，σ_{ik}表示对第 i 个出口市场与第 k 个出口市场出口量的协方差。$\overline{R_i}$表示对第 i 个出口市场的预期出口量，R_p表示 N 个出口市场组合的预期出口量。

二、以稳定出口增长率为目标的出口市场组合模型

如果考虑出口量呈上升趋势的情形（呈下降趋势的情形也可以使用本节的模型稳定出口），出口国可以选择出口增长率作为稳定目标，并构建出口市场组合模型。该模型的假设条件如下：（1）出口国对各出口市场出口量的增长率为服从正态分布的随机变量；（2）出口量呈上升趋势；（3）出口国建立出口市场组合的原则是，在既定的出口增长率下使波动风险最小化。

为了最小化预期出口增长率的波动风险，出口国的目标函数及其约束条件在形式上与以稳定出口量为目标的组合模型基本相同，但是具体含义已经发生了如下变化：

其中，M_P 仍然表示给予相对方差视角的出口市场的组合风险。X_i 表示不考虑预期出口增量的分配时出口国对第 i 个市场的出口份额（可以称为事前份额①）。σ_i^2 表示出口国对第 i 个出口市场出口增长率的方差，σ_{ik}表示对第 i 个出口市场与第 k 个出口市场出口增长率的协

① 为了说明事前份额的含义，此处考虑一个数值例子。假如某出口国仅考虑在两个市场上分配出口份额，在某个时间点上，对两个市场的总出口值已经达到100万美元。其中，出口国对A市场的平均出口增长率为10%，对B市场的平均出口增长率为20%。如果该出口国希望在100万美元的基础上，得到一个16%的总体出口增长率，并根据出口市场组合模型计算得到A市场的事前份额为0.4，B市场为0.6，其含义就是，给A市场分配40万美元（100×0.4），B市场分配60万美元（100×0.6），从而可以得到16%的预期增长率同时保证风险已经最小化了。但是，在考虑了预期出口增量即16万美元（100×0.16）的分配之后，两个市场的最终份额会发生变化。比如，A市场的最终分配份额为（40+4）/116×100%即38%，B市场的最终份额为（60+12）/116×100%即62%。最终份额也称为事后份额，即考虑了出口增量的分配之后的份额。

方差。$\overline{R_i}$表示对第 i 个出口市场的预期出口增长率，R_p表示 N 个出口市场组合的预期出口增长率。

由于 X_i没有考虑预期出口增量的分配，因此出口国对第 i 个市场的出口份额需要另外计算。令 A 代表出口国对所有出口市场的预期出口量，B 代表其中的预期出口增量，则预期出口增长率为 $B/(A-B)=R_p$。同时，出口国对第 i 个市场的预期出口量为 $X_i(A-B)+X_i\overline{R_i}(A-B)$。因此，出口国对第 i 个市场的出口份额为 $Y_i=X_i(1+\overline{R_i})/(1+R_p)$（可以称为事后份额）。进一步地，对 X_i的约束如下：

$b_i \geqslant X_i(1+\overline{R_i})/(1+R_p)\geqslant 0$，$i=1$，2，$\cdots N$。其中，$b_i$代表对第 i 个市场出口份额的潜在最大值。

本章小结

自斯密以来，经济学家对国际贸易原因的理解已经发生了很大的变化。考虑到各国市场需求的波动性，本章从市场组合的角度为国际贸易的发生提供一个新解释。在这个新的解释中，代表性企业开展出口活动只是为了降低预期销量的波动水平。当出口企业在全世界范围内选择销售市场以降低波动风险时，决定各市场的最优出口比例的计算过程类似对 Markowitz 所构建的均值—方差模型的求解。

马科维茨构建的现代资产组合理论最早同时采用风险资产的期望收益率和以方差（或标准差）衡量的风险来综合研究资产组合问题。所谓资产组合，就是投资者把资金分配于多种资产，其目的在于使总收益尽可能高，同时使风险尽可能低。

“不确定性”和“不完全正相关性”是应用马科维茨方法的两个必要条件。资产收入的不确定性意味着存在降低风险的必要性，而资产收入之间的不完全正相关性意味着通过分散化投资降低风险的可能性。出口收入与证券收入类似，也存在不确定性和不完全正相关性两个特点，当然，二者在这两个方面并不完全相同。二者之间在不确定性来源方面的差异导致出口国和投资者稳定目标的不同，进一步导致方差不适合用来衡量出口所面临的波动风险。

相对方差比方差更适合衡量出口国在每个市场所面临的波动风险，其原因在于：一方面，相对方差衡量的是出口量或其增长率相对于均值的离散程度，从而消除了均值的影响，并使各市场的波动风险具有可比性；另一方面，使用相对方差衡量风险将使各出口市场的风险差异程度显著降低（相对于方差衡量的风险），而减少了理论上组合风险趋于上升甚至无界的可能性。

如果借鉴马科维茨模型的方法以降低出口中的非系统性风险，那么针对不同的波动特点应该选择不同的预期“收益”变量。当出口国面临的是该类市场中所有出口量的不确定性，从而预期的“收益”变量可以选择为出口量，并需要构建以稳定出口量为目标的出口市场组合模型。当出口国面临的只是出口增长率的不确定性，从而预期的“收益”变量可以选择为出口增长率（如果仍然选择出口量作为预期收益变量，将高估各出口市场的风险），并需要构建以稳定出口增长率为目标的出口市场组合模型。根据这两类市场组合模型，可以计算出出口产品的有效市场组合，也就是既定预期出口量或出口增长率下的最优出口市场结构。

第三章

中国与东盟农产品贸易概况

2010 年 1 月 1 日，中国与东盟自由贸易区（China and ASEAN Free Trade Area）正式全面启动，成为人口最多同时也是发展中国家间最大的自由贸易区。2015 年，双方的经济总量已接近 13 万亿美元，占亚洲经济总量的近 60%。中国已经成为东盟最大的贸易伙伴，东盟则是中国的第三大贸易伙伴。事实上，在自由贸易区正式启动之前，中国与东盟各国已经多次降低农产品贸易关税。由于较早受益于贸易自由化方面的制度建设，中国与东盟双边农产品贸易发展迅速。到 2013 年，东盟已经超过日本成为中国农产品最大的出口市场，同时也成为中国第三大农产品进口来源市场。

对于农产品贸易统计范围的界定，存在多种方法。比如，对 HS 编码①中的产品而言，在乌拉圭回合《农业协议》中将农产品的范围界定为 HS 编码中前 24 章剔除水产品后的所有产品，再加上 24 章之后的一些产品。另外一种便于统计的简单方法就是，只将 HS 编码中前

① 商品名称及编码协调制度（Harmonized Commodity Description and Coding System，简称为 HS 编码），是在海关合作理事会制定的《海关合作理事会分类目录》（CCCN）和联合国《国际贸易标准分类》（SITC）的基础上，由世界海关组织编制的关于国际贸易商品分类的标准目录。商品名称及编码协调制度于 1988 年实施，并于 1992 年、1996 年、2002 年、2007 年和 2012 年进行了五次修订。商品按其加工程度，依原材料、未加工产品、半成品和成品的顺序排列，包括 22 大类共 98 章。中国从 1992 年开始采用商品名称及编码协调制度编制对外贸易统计。（转下页）

24 章的产品纳入农产品范围。除非特别指明，本书所指的农产品范围均采用后一种方法计算。事实上，中国与东盟国家双边贸易所涉及的农产品也主要集中在前 24 章。

本章各节内容安排如下：第一节介绍《中国与东盟全面经济合作框架协议》和其他协议中与农产品贸易相关的制度安排；第二节从总量的角度介绍中国与东盟农产品双边贸易的概况；第三节介绍中国与东盟农产品双边贸易的国别构成情况；第四节介绍中国与东盟农产品双边贸易的商品结构。

第一节　中国与东盟双边农产品贸易的制度基础

2002 年 11 月 4 日，中国和东盟十国领导人共同签署了《中国与东盟全面经济合作框架协议》（见附录 A）。该框架协议于 2003 年 7 月 1 日开始实施，是中国与东盟建立自由贸易区的法律基础。在该协议中，双方共同决定于 2010 年建成中国与东盟自由贸易区。并且，考虑到东盟各国经济发展阶段的差异（见表 3-1），对东盟新成员国（越南、柬埔寨、缅甸和老挝）区别对待，对这些国家推迟 5 年即于 2015 年建成自由贸易区。该协议的主要内容包括 16 项条款和 4 个附件，主

（接上页）HS 编码中前 24 章具体为——01：活动物；02：肉及食用杂碎；03：鱼、甲壳软体动物及其他水生无脊动物；04：软蛋品，天然蜂蜜，其他食用动物产品；05：其他动物产品；06：活树及其他活植物，鳞茎、根及块茎；07：食用蔬菜、根及块茎；08：食用水果及坚果，甜瓜或柑橘属水果的果皮；09：咖啡、茶、马黛茶及调味香料；10：谷物；11：制粉工业产品，麦芽，淀粉，菊粉，面筋；12：含油子仁及果实，杂项子仁及果实，工业用或药用植物，稻草、秸秆及饲料；13：虫胶，树胶、树脂及其他植物液、汁；14：编结用植物材料，其他植物产品；15：动、植物油、脂及其分解产品，精制的食用油脂，动、植物蜡；16：肉、鱼、甲壳动物、软体动物及其他水生无脊椎动物的制品；17：糖及糖食；18：可可及可可制品；19：谷物、粮食粉、淀粉或乳的制品，糕饼点心；20：蔬菜、水果、坚果或植物其他部分的制品；21：杂项食品；22：饮料、酒及醋；23：食品工业的残渣及废料，配制的动物饲料；24：烟草及烟草代用品的制品。

要涉及货物贸易自由化、服务贸易自由化、投资自由化和经济技术合作。

表 3-1　　2014 年中国与东盟十国的基本经济状况

	GDP /亿美元	人均 GDP /美元	人口 /万人	国土面积 /万平方千米	主要产业
中国	104 307	7 626	136 782	960	制造业
文莱	171	41 707	41	0.58	油气
柬埔寨	173	1 194	1 449	18.1	农业
印度尼西亚	11 880	4 698	25 287	190	农业、油气、旅游
老挝	112	1 640	683	23.7	农业
马来西亚	3 677	12 180	3 019	33	农业、制造、旅游
缅甸	639	1 190	5 370	67.7	农业
菲律宾	1 650	1 783	9 254	30	农业
新加坡	2 891	52 852	547	0.07	服务业、制造业
泰国	4 373	6 507	6 720	51.3	农业
越南	1 650	1 783	9 254	33	制造业、农业、服务业

资料来源：国际货币基金组织数据库、中国统计年鉴、ASEAN 网站数据库。

随着中国与东盟之间的经济合作走向正轨，双方在 2004 年 11 月签署《中国与东盟全面经济合作框架协议货物贸易协议》，确定了之前的框架协议中正常类和敏感类产品的范围，并规定了东盟新成员国关于正常类和敏感类产品实行关税削减和取消的具体时间框架。针对卫生、品质、贸易救济、原产地等多方面存在的争议，双方又在同一年签订了《争端解决机制协议》，该协议为中国与东盟双边农产品贸易争端的顺利解决提供了保障。2006 年 10 月，中国和东盟签署《〈中国与东盟全面经济合作框架协议〉第二次修订协议书》和《〈货物贸易协议〉修订协议书》，解决了框架协议和货物贸易协议中遗留的问题。上述协议对农产品贸易的相关问题均做了详细规定，为中国与东盟双边的农产品贸易提供了法律保障。其中，与农产品贸易相关的内容主要包括如下四个方面。

一、关税削减与取消

根据上述协议的规定，除为了保护国家安全和公共道德，保护人类、动物或植物的生命健康所必需的一般例外措施外，所有国家应逐步在实质上取消对所有货物的关税和其他限制性贸易法规。其中，对于 2003 年 7 月 1 日已经是世界贸易组织成员的中国和东盟各国，降低关税的起点为 2003 年 7 月 1 日各自实施的最惠国关税税率；对于 2003 年 7 月 1 日还不是世界贸易组织成员的东盟各国，降低关税的起点为 2003 年 7 月 1 日对中国实施的关税税率。并且，所有纳入关税削减或者取消计划的产品包括所有未被列入“早期收获计划”范围的产品，即所有的正常产品和敏感产品（见附录 B）①。

二、早期收获产品

所谓“早期收获”，是指除各缔约国规定的例外产品外，所有被列入早期收获计划范围的产品将实施更为快速的关税减让。《中国与东盟全面经济合作框架协议货物贸易协议》的第 6 条以及附录 1 至 3 规定了早期收获条款。早期收获涉及的产品范围主要包括 HS 编码中

① 正常产品指各国根据各自要求纳入“正常”类的产品。所有归为“正常”类的产品，其最惠国关税税率须按指定的关税减让表和税率逐步削减或取消。对于东盟六个老成员国，实施的时间期限为 2005 年到 2010 年。对于另外四国，实施的时间期限为 2005 年到 2015 年。敏感产品是指各国出于保护国内生产的目的而纳入“敏感”类的产品。对这类产品实施的最惠国关税税率，应当按照各国同意的最终税率和时间予以削减。最后，该框架协议还规定，各国对规定的敏感产品数量应该设定一个上限。

第 01 至 08 章中的 560 多个种类的产品。关于关税削减或取消的时间表，依据不同国家和不同产品有所不同。中国与东盟六个老成员国将所有产品的关税全部降为零的时间为 2006 年 1 月 1 日，中国与其他四国中柬埔寨的关税全部降为零的时间最晚，为 2010 年 1 月 1 日。依据在 2003 年 7 月 1 日实施的最惠国关税税率的高低，所有产品按照关税税率的高低分为三类。

三、非关税措施的削减和取消

上述协议规定将取消所有针对货物贸易的非关税措施。特别是，对产品的进口或出口采取的数量限制或禁止，以及缺乏科学依据的动植物检疫措施以及技术性贸易壁垒。至于中国和东盟各成员国所制定的非关税减让和削减计划主要集中在进口许可证、出口补贴、进口数量限制、配额和特定进口等方面。而对于技术性贸易壁垒和动植物检验检疫问题，协议中没有关于这两个方面的专门条款，而只是笼统地规定如果双方在贸易的过程中涉及此类问题，则参照世界贸易组织中关于此类问题的相关条款来解决。

四、农产品贸易救济

中国和东盟各国的相关协议仅对农产品贸易中与保险措施相关的问题进行了规定，指出当一国农产品的进口数量增加并且给本国的国内产业造成了严重损害或将造成严重损害后果的威胁时，才能实施相关的保障措施。中国与东盟双方对于补贴与反补贴的相关问题，没有做出特别规定。如果出现相关现象或后果，双方同意以 WTO 的相关条款为依据去解决纠纷。

第二节　中国与东盟农产品贸易的总量概况

中国与东盟之间的贸易自由化有力地推动了双边贸易的快速发展。特别是，自由贸易区正式成立以来，双边对超过90%的产品都实行了零关税。中国对东盟的平均关税从9.8%已经降至0.1%，东盟六个老成员国对中国的平均关税，已经从12.8%降至0.6%。2000年，中国与东盟双边农产品贸易总额仅为26亿美元，2002年双边签署《中国与东盟全面经济合作框架协议》时为36.6亿美元，到2014年已经达到287.8亿美元，相比2002年增长了近7倍（见图3-1）。

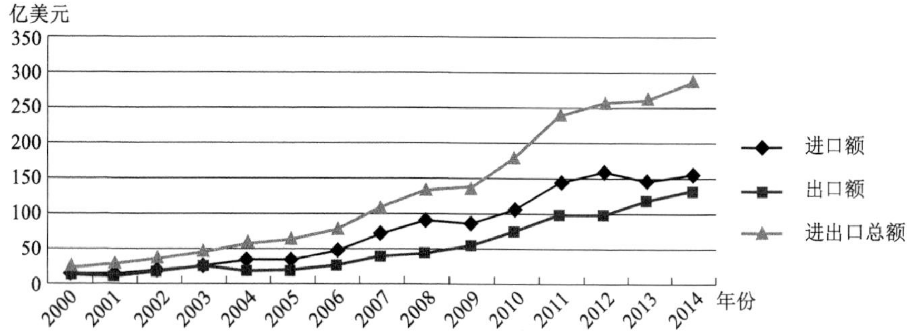

图3-1　2000—2014年中国对东盟农产品进出口总金额

数据来源：联合国Comtrade数据库。

一、中国与东盟农产品的贸易规模

图3-1显示，2000年至2014年，中国与东盟双边的农产品贸易呈现快速增长的趋势。在这个过程中，无论是中国的农产品出口还是进口贸易的增长速度都超过两位数，分别为17.7%和19.8%。其中，中国对东盟的农产品出口额从2000年的13.4亿美元增加到

2014 年的 130.6 亿美元，增长了近 9 倍。中国从东盟的农产品进口从 2000 年的 12.5 亿美元，增长到 2014 年 157.2 亿美元，增长了 11 倍多。

在双边贸易快速增长的大背景下，中国对东盟农产品的贸易逆差却不断增大。原因在于，中国从东盟的进口速度快于出口增长速度（高出 2.2 个百分点）。图 3-2 显示了中国与东盟国家农产品贸易逆差逐渐增大的过程。2000 年至 2003 年，中国与东盟的农产品贸易基本维持在平衡状态。到 2004 年，中国的逆差额突破 15 亿美元，并且开始显示出波动增长的明显趋势。从整体上看，中国的贸易逆差除了在 2005 年和 2009 年略有下降外，在 2012 年之前总体上呈现快速上升的趋势，并在 2012 年达到历史最高值，为 60.216 亿美元。随后，2013 年和 2014 年两年的逆差额又快速回落。

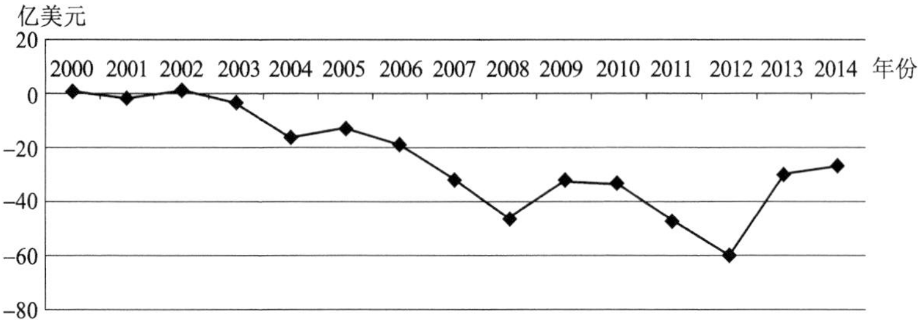

图 3-2 2000—2014 年中国对东盟农产品贸易差额

数据来源：联合国 Comtrade 数据库。

二、东盟市场对中国农产品贸易的重要性

1. 中国农产品贸易现状

中国在加入世界贸易组织后，农产品贸易增长较快。2001 年，中国农产品的贸易总额仅有 252 亿美元，2010 年贸易总额首次超过 1 000 亿美元，到 2014 年已增长到 1 770 亿美元，增长了 6 倍。中国相应地

也从世界第五大农业贸易国进入到前三的行列。虽然中国农产品的贸易总额呈现逐年上升的态势（见图 3-3），但是在 2008 年以后贸易失衡问题日益严重。具体而言，在 2008 年以前中国的农产品贸易略有盈余，但是，在 2008 年突然出现 116 亿美元的逆差，2009 年虽然逆差额有所下降，但是从 2010 年开始逆差额又开始不断增加，到 2014 年已经达到 382 亿美元的历史最高值。

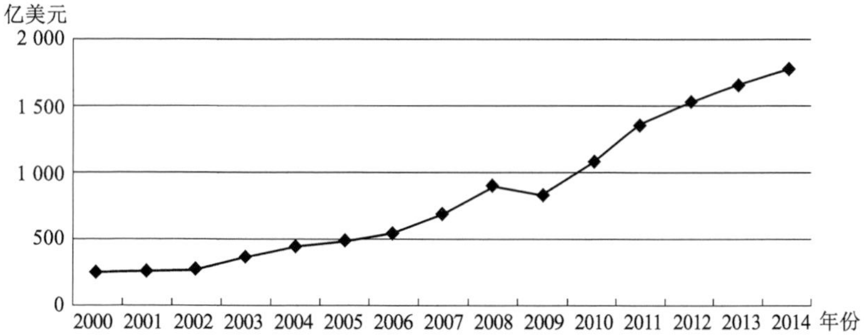

图 3-3　2000—2014 年中国对世界农产品贸易总额

数据来源：联合国 Comtrade 数据库。

在 2003 年之前，中国农产品在亚洲的出口比例一直超过 70%。近年来，中国农产品的出口份额不断从亚洲地区向欧美地区转移，对亚洲地区的出口份额逐年下降。其中，对日本的出口份额下降非常明显，从 2006 年的 24.7%下降到 2014 年的 14.1%。2014 年，发达国家占中国农产品出口市场的比重高达 60%左右。其中，对欧盟的农产品总出口额为 84.6 亿美元，对美国的农产品出口额为 74.2 亿美元，对日本的农产品出口额为 111.3 亿美元。进口方面，美国、巴西、东盟、欧盟等是中国农产品的主要进口来源市场。其中，美国一直是中国农产品进口的最大来源国。

农产品的出口结构在 2000 年之后也发生了较大的变化。以水果、蔬菜、茶叶和水产品等为代表的劳动密集型产品的出口比例逐年增加。其中，水果和蔬菜一直是中国具有传统优势的顺差产品，其中，蔬菜的出口量更大。2014 年，水产品及制品的出口额为 214 亿美元，蔬菜及制品的出口额为 121.7 亿美元，水果、坚果及制品的出口额为 75.7 亿美元，肉类及制品的出口额为 32.5 亿美元，酒及饮料的出口额为 31.5 亿美元。以上五类产品占农产品出口总额的 66.6%（水产品、蔬菜产品、水果及坚果产品、肉类产品、酒饮产品各自的比重分别为 30%、17.1%、10.6%、4.6%和 4.4%）。

中国农产品出口的国内来源地主要集中在山东、广东、福建、浙江、辽宁和江苏等 6 个东部沿海省份（详细生产数据见附录 C），其出口总额在贸易总额中所占的比重一直较大。2014 年，6 省出口额占总出口额的 67.1%（见图 3-4）。其中，山东的占比最大，为 23.40%；广东排名第二，为 12.83%；福建为 11.75%；其余 3 省共占比 32.9%。西藏最少，为 0.04%。

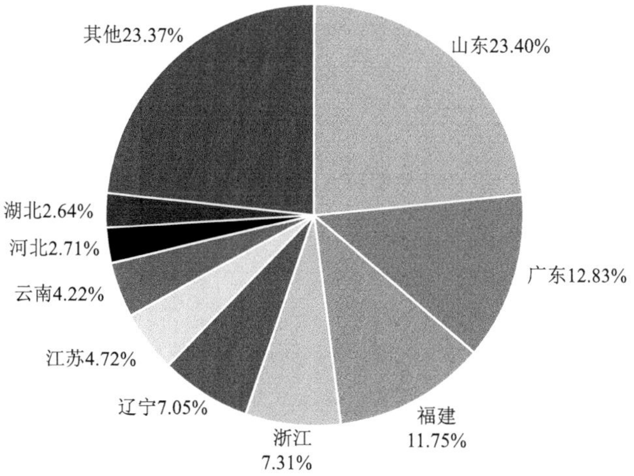

图 3-4　2014 年中国出口农产品的国内来源地

资料来源：中华人民共和国农业部官方网站。

2. 东盟市场在中国农产品贸易中的地位

中国与东盟内部多数国家的发展水平和农业技术水平比较相似。比较而言，中国的比较优势来自丰裕的劳动力资源，而东盟内部许多国家的比较优势主要来自比较丰裕的自然资源。因此，双边贸易存在较大的互补性。相互出口的较多产品都是劳动密集型产品和自然资源密集型产品。目前，无论是从进口还是从出口的角度，东盟都已经成为中国农产品最重要的贸易伙伴之一。

从东盟在中国农产品市场中的比重来看，东盟作为中国进口来源地的重要性更高。2000 年至 2014 年，中国从东盟进口的农产品金额占农产品全部进口金额的 17%，而中国对东盟的出口占全部出口的比重为 14%。在不同的年份，进出口的比重具有较大的波动性（见图 3-5）。总体而言，东盟作为进口来源地的重要性先上升，至 2007 年达到峰值为 21%，随后开始下降。而东盟作为中国出口地的重要性，在总体上呈现明显的上升趋势，并于 2014 年达到峰值，为 18.80%。

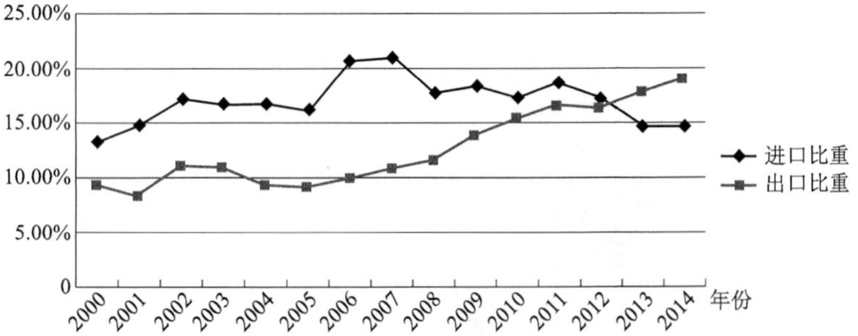

图 3-5　2000—2014 年东盟市场在中国农产品贸易中的比重

数据来源：联合国 Comtrade 数据库。

在东盟市场对中国农产品贸易增长的贡献方面，对东盟农产品的进口对中国总进口的贡献率平均为 23%，而对东盟农产品的出口对中国总出口的平均贡献率仅为 5%。可见，对东盟农产品的进口在推动中国农产品贸易的增长过程中发挥了更重要的作用。尽管东盟在进口和出口方面的贡献率在不同年份呈现出较强的波动性，但是整体上都没有出现明显的上升或下降趋势（见图 3-6）。

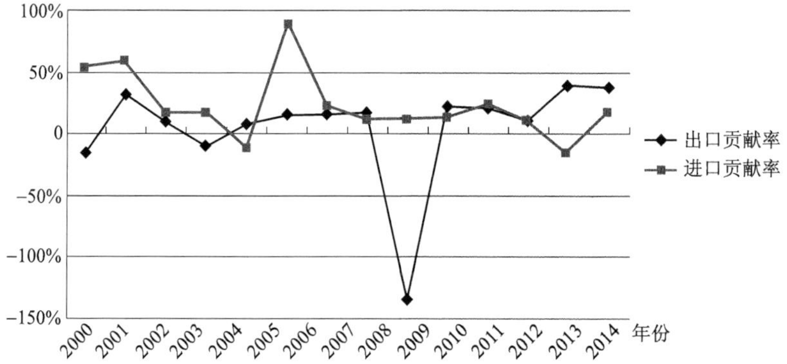

图 3-6　2000—2014 年东盟市场对中国农产品贸易增长的贡献率

数据来源：联合国 Comtrade 数据库。

第三节　中国与东盟农产品贸易的国别结构

总体而言，中国与东盟内部各国之间的国别贸易量差异显著。比如，从年均双边贸易金额的角度，中国与马来西亚之间的农产品贸易量为中国与文莱之间贸易量的 500 多倍。根据 H-O 理论，这种贸易量方面的显著差距，可能与东盟十国在要素禀赋、发展阶段和经济总量等方面的差异有关。另外，根据第一章的分析，这种差异可能也是市场主体“自由”选择的结果，并且，从市场风险最小化的角度，这种差异可能并不是一个“正确”的结果。

一、中国从东盟各国市场进口的农产品金额

2000 年至 2014 年，中国在东盟各国市场上的年度进口金额都存

在一定程度的波动性。其中，年平均进口金额排名前三位的国家为马来西亚、印度尼西亚和泰国（见图 3-7）。中国在这三国市场的年均进口额都超过了 10 亿美元，分别为 24.69 亿美元、19.98 亿美元和 17.86 亿美元。并且，这三个国家对中国的出口总金额占整个东盟国家对中国出口总金额的比重超过了 81%，这意味着中国在东盟的农产品进口市场比较集中。在进口的具体产品方面，中国从泰国进口的主要产品为木薯、鲜龙眼、龙眼干和榴莲等；从印度尼西亚进口的主要产品为动植物油及脂、鱼及水产、编织用植物材料、可可和咖啡等；从马来西亚进口的主要产品为亚棕油、食品、饮料和烟草等；从越南进口的主要产品为蔬果、腰果仁、咖啡、茶叶、大米和木薯等。

在另外的七国中，越南对中国的年均出口额相对较大，为 7.56 亿美元。其他国家对中国的年均出口额都不足 3 亿美元，占整个东盟对中国出口的比重也均在 4% 以下。其中，对中国年均出口金额最少的国家是文莱，仅为 30 万美元。

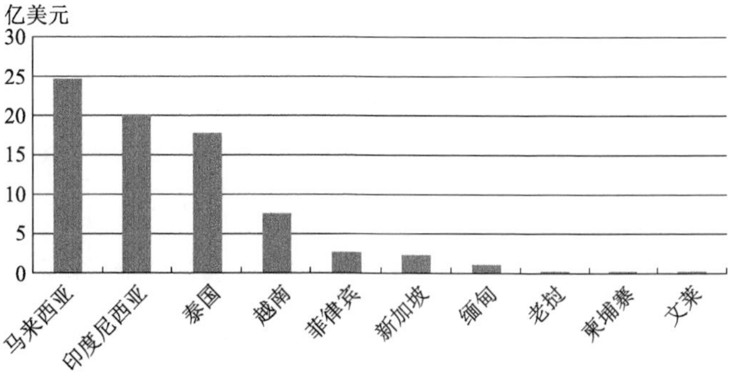

图 3-7　2000—2014 年中国在东盟各国市场的年均进口额

资料来源：联合国 Comtrade 贸易数据库。

二、中国对东盟各国出口的农产品金额

2000 年至 2014 年，中国对东盟各国的年度出口金额也存在一定

程度的波动性。从年均贸易金额的角度，中国对东盟农产品的出口市场比在东盟的进口市场的集中度稍低一些。其中，对中国农产品的年均进口金额超过 10 亿美元的国家只有马来西亚（见图 3-8）。年度进口金额占东盟年度进口总额的比重超过 10% 的国家有五个，分别是马来西亚、印度尼西亚、越南、泰国和菲律宾。这五国中比重最高的国家是马来西亚，为 23.61%，比重最低的国家是菲律宾，为 11.801%。在出口的具体产品方面，中国对马来西亚的出口产品主要为新鲜或冷藏的蒜头、玉米、鲜苹果等；中国对印度尼西亚的出口产品主要为苹果、烟草和各种蔬菜等。

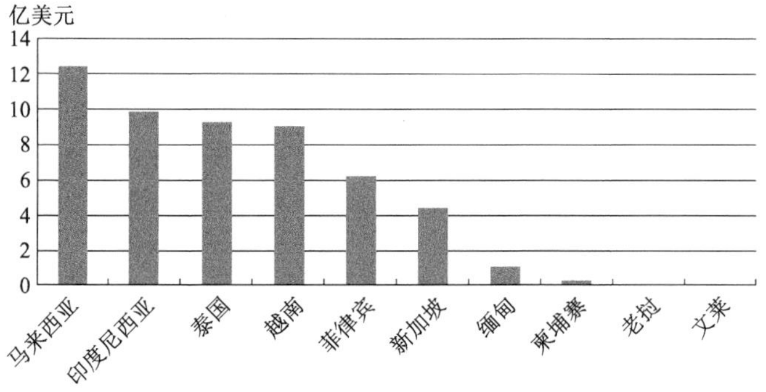

图 3-8　2000—2014 年中国对东盟各国市场的年均出口额

资料来源：联合国 Comtrade 贸易数据库。

其余五国之中，只有新加坡和缅甸的年均进口金额超过 1 亿美元。而柬埔寨、老挝和文莱因其经济发展水平或经济规模的限制，年均进口金额均不足 1 亿美元。其中，文莱的年均进口金额最少，仅为 60 万美元。

三、中国与东盟各国的农产品贸易总额

2000 年至 2014 年，中国与东盟各国之间的双边贸易总额呈现明显的两极分化趋势（见图 3-9）。中国在东盟最重要的农产品贸易伙

伴国为马来西亚、印度尼西亚和泰国，与这三国的年均贸易总额均超过了 26 亿美元，并且与这三国的贸易总额占与整个东盟贸易总额的 72% 以上，呈现出较明显的集中化趋势。除了这三国以外，中国与越南之间的贸易关系也很重要，年均贸易额超过了 16 亿美元，而中国与其他六国的年均贸易额相对较少，均不超过 10 亿美元。其中，与柬埔寨、老挝和文莱的年均贸易额最少，都不足 1 亿美元，分别为 3 450 万美元、2 230 万美元和 680 万美元。

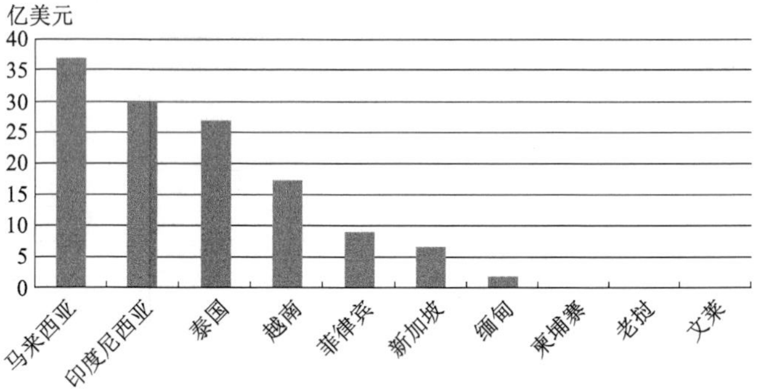

图 3-9　2000—2014 年中国与东盟各国的年均双边贸易总额

资料来源：联合国 Comtrade 贸易数据库。

第四节　中国与东盟农产品贸易的商品结构

总体而言，中国与东盟之间的农产品贸易既存在互补性也存在竞争性。比如，中国在水产品方面具有较大的比较优势，而东盟国家在植物油方面的比较优势明显。同时，双方在蔬菜和水果方面都存在一定的比较优势，并且在这几类产品上双方都有较大比例的相互出口。在最近的四五年时间里，中国对东盟出口的主要农产品包括蒜头、柑橘、苹果、鱼、烤烟、梨和香菇等；从东盟进口的主要农产品包括大米、棕榈油、椰子油/饼、水果、大豆、蜂蜜、糖、虾、蟹和烟草等。下面以 HS 编码中的章为类别，介绍 2014 年中国与东盟在双边贸易中的商品结构。

一、中国与东盟双边贸易的出口商品集中程度

在本节所关注的 HS 编码前 24 章产品中，中国与东盟之间的双边贸易产品结构呈现出一定程度的多元化趋势。比较而言，中国对东盟出口贸易中的商品集中程度更低一些。根据 Hirschman 指标计算的中国出口商品集中度指数为 0. 35，而东盟对中国的出口商品集中度指数为 0. 44。具体而言，中国和东盟在全部 24 章农产品上都互有进口和出口，只是数量上有所不同。中国对东盟出口金额最高的前 3 章依次为：07 章（食用蔬菜、根及块茎，共出口 29. 409 亿美元，在所有农产品出口中比重为 22. 511%）、08 章（食用水果及坚果、甜瓜或柑橘属水果的果皮，共出口 22. 148 亿美元，比重为 16. 952%）、03 章（鱼、甲壳动物、软体动物及其他水生无脊椎动物，共出口 20. 834 亿美元，比重为 15. 947%）。出口总金额最少的 3 章是：01 章（活动物，共出口 0. 003 亿美元，比重为 0. 003%）、14 章（编结用植物材料、其他植物产品，共出口 0. 039 亿美元，比重为 0. 030%）、10 章（谷物，共出口 0. 431 亿美元，比重为 0. 330%）。

东盟对中国出口金额最高的前 3 章依次为为：15 章（动、植物油、脂及其分解产品，精制的食用油脂和动、植物蜡，共出口 57. 257 亿美元，比重为 36. 423%）、08 章（食用水果及坚果、甜瓜或柑橘属水果的果皮，共出口 25. 960 亿美元，比重为 16. 514%）、07 章（食用蔬菜、根及块茎，共出口 21. 326 亿美元，比重为 13. 566%）。出口最少的 3 章为：02 章（肉及食用杂碎，没有出口）、01 章（活动物，共出口 0. 038 亿美元，比重为 0. 024%）、06 章（活树及其他活动物、鳞

茎和根及类似品、插花及装饰用簇叶，共出口 0.159 亿美元，比重为 0.101%）。

二、中国与东盟双边贸易中的主要农产品

双边贸易中的主要产品都是一方或双方具有较大比较优势的产品。其中，有 6 章产品（03、07、08、10、11、15）的贸易总金额都超过了 10 亿美元（见图 3-10）。双边贸易总金额最大的前 3 章产品为：15 章（动、植物油和脂及其分解产品，精制的食用油脂和动、植物蜡，贸易总额为 57.966 亿美元，占贸易总额的比重为 20.138%）、07 章（食用蔬菜、根及块茎，贸易总额为 50.735 亿美元，比重为 17.626%）、08 章（食用水果及坚果、甜瓜或柑橘属水果的果皮，总额为 48.107 亿美元，比重为 16.713%）。双边贸易总金额最少的 3 章为：01 章（活动物，总额为 0.041 亿美元，比重为 0.014%）、04 章（软蛋品、天然蜂蜜、其他食用动物产品，总额为 0.775 亿美元，比重为 0.269%）、02 章（肉及食用杂碎，总额为 0.882 亿美元，比重为 0.307%）。

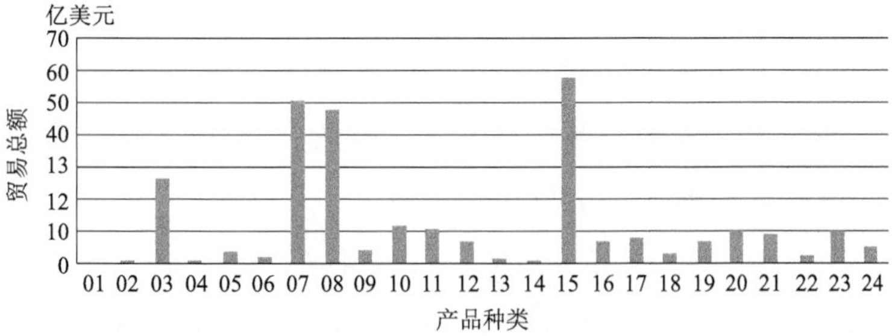

图 3-10 2014 年中国对东盟各章产品的贸易金额

数据来源：联合国 Comtrade 数据库。

三、中国与东盟之间贸易差额较大的农产品

2014 年，中国对东盟农产品的贸易总逆差为 26.553 亿美元。其

中，中国处于贸易逆差状态的产品种类为 8 章，另外 16 章皆为顺差（见图 3-11）。由于双方比较优势的不同，在不同产品上的贸易差额相差较大。从中国对东盟的贸易差额来看，贸易逆差最大的 3 章产品为：15 章（动、植物油和脂及其分解产品、精制的食用油脂和动、植物蜡，逆差为 56.548 亿美元）、10 章（谷物，逆差为 11.142 亿美元）、11 章（制粉工业产品、麦芽、淀粉、菊粉、面筋，逆差为 6.766 亿美元）。贸易顺差最大的 3 章产品为：03 章（鱼、甲壳动物、软体动物及其他水生无脊椎动物，顺差为 14.824 亿美元）、07 章（食用蔬菜、根及块茎，顺差为 8.084 亿美元）、20 章（蔬菜、水果、坚果或植物其他部分的制品，顺差为 7.140 亿美元）。

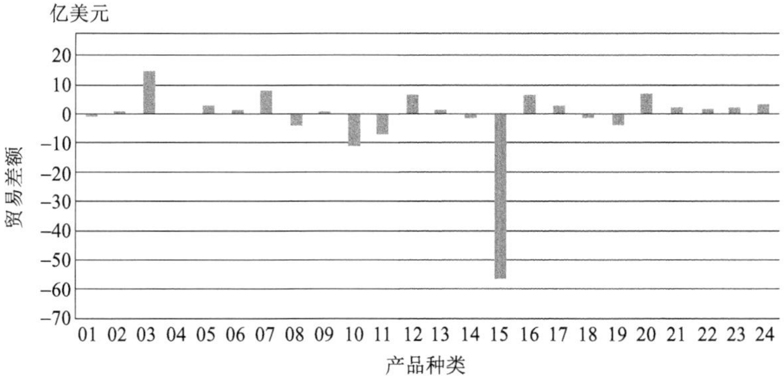

图 3-11　2014 年中国对东盟按照 HS 编码分类产品的贸易差额

数据来源：联合国 Comtrade 数据库。

本章小结

《中国与东盟全面经济合作框架协议》于 2003 年 7 月 1 日开始实施，它是中国与东盟建立自由贸易区的法律基础。在该协议中，双方共同决定于 2010 年建成中国与东盟自由贸易区，并且对东盟新成员国

（越南、柬埔寨、缅甸和老挝）区别对待。该协议的主要内容涉及货物贸易自由化、服务贸易自由化、投资自由化和经济技术合作。随着中国与东盟之间的经济合作走向正轨，双方在随后的两年时间内又签署了几个补充协议。

中国与东盟之间的贸易自由化有力地推动了双边贸易的快速发展。自由贸易区正式成立以来，双边对超过 90% 的产品都实行了零关税。中国对东盟的平均关税已经从 9.8% 降至 0.1%，东盟六个老成员国对中国的平均关税，已经从 12.8% 降至 0.6%。到 2014 年，双边农产品贸易额已经达到 287.8 亿美元，相比 2002 年增长了近 7 倍。

总体而言，中国与东盟内部各国之间的国别贸易量差异显著。根据 H-O 理论，这种贸易量方面的显著差距，可能与东盟十国在要素禀赋、发展阶段和经济总量等方面的差异有关。另外，这种差异可能也是市场主体“自由”选择的结果，并且，从市场风险最小化的角度，这种差异可能并不是一个“正确”的结果。

在最近的四五年时间里，中国对东盟出口的主要农产品包括蒜头、柑橘、苹果、鱼、烤烟、梨和香菇等；从东盟进口的主要农产品包括大米、棕榈油、椰子油/饼、水果、大豆、蜂蜜、糖、虾、蟹和烟草等。中国与东盟之间的双边贸易产品结构呈现出一定程度的多元化趋势。比较而言，中国对东盟出口贸易中的商品集中程度更低一些。

第四章

中国对东盟早期收获产品出口市场结构的优化

早期收获计划是《中国与东盟全面经济合作框架协议》第6条规定的降税计划。早期收获产品则是这个计划所涉及的所有减税产品。本章将从出口波动风险最小化的角度，检验中国早期收获产品对东盟的出口市场结构是否已经实现了优化。如果没有实现优化，那么政府应该朝什么方向引导出口企业调整出口市场？当然，在应用出口市场组合模型求解早期收获产品的有效市场组合前，需要清楚中国对东盟早期收获产品的出口波动情况属于哪一种形式，即是围绕均值波动还是呈现明显的上升或下降趋势，然后根据不同的情况选用不同的出口市场组合模型。

本章的主要内容安排如下：第一节介绍中国与东盟之间的早期收获计划；第二节介绍中国早期收获产品在东盟市场的出口情况；第三节介绍中国早期收获产品在东盟各国市场上面临的风险与相关性，也就是在各市场上出口增长率的波动性及其相互间的相关系数；第四节应用出口市场组合模型求解中国早期收获产品在东盟的有效市场组合。

第一节　早期收获计划

早期收获计划的目的是在中国与东盟自由贸易区正式成立之前提前降税，让各成员国较早地享受自由贸易的好处。[①] 该计划的启动时间为2004年1月1日。最初的签约国并不包括菲律宾。在《中国与东盟全面经济合作框架协议》签订之后的几年中，各国又陆续签署了几个补充协议对早期收获计划予以修订和完善。2003年10月，中国和东盟签署《关于修订〈框架协议〉的议定书》。在这份议定书中，马来西亚、老挝、柬埔寨和越南四国对早期收获产品做了修改和补充。2005年4月，中国与菲律宾就早期收获计划达成协议：将HS编码前8章中的320个税目和前8章之外的5个税目列为早期收获产品，并于2006年1月1日开始实施零关税。2006年12月，中国和东盟签署了《〈框架协议〉第二次修改议定书》和《〈货物贸易协议〉修订协议书》，解决了《框架协议》和《货物贸易协议》中的一些遗留问题。

一、早期收获计划中的主要产品

《中国与东盟全面经济合作框架协议》第6条对早期收获计划涉及的主要产品做出了详细的规定，具体的产品范围包括HS编码第01至08章除了例外产品以外的农产品以及HS编码第01至08章以外的特定产品。该框架协议还规定，从2004年开始按不同产品类别并针对新老成员国逐渐地、灵活地实施关税削减计划，最终将关税降为零。中国与东盟各国列入早期收获计划的产品税目数量分别为：文莱597个，新加坡602个，柬埔寨539个，印度尼西亚595个，老挝406个，

① 本节内容主要来源于吕洵（2013）的学位论文。

马来西亚 599 个，缅甸 579 个，菲律宾 214 个，泰国 581 个，越南 547 个，中国 593 个。

二、早期收获计划中的例外产品

由于发展阶段和资源禀赋等方面的差异，各国在不同产品方面的比较优势并不相同。为了保护国内具有比较劣势的农产品，马来西亚、柬埔寨、老挝、越南和菲律宾等国提出将部分农产品列入例外清单，这份清单形成了早期收获计划中的例外产品。例外产品不参加早期收获计划的降税安排，但是也不享受其他成员国对这些产品所提供的优惠关税待遇。

例外产品最多的国家是老挝，其次分别是柬埔寨、越南和马来西亚。老挝、柬埔寨和越南对中国和东盟其他成员国的例外农产品分别有 175 种、38 种和 31 种。其中，柬埔寨和老挝的例外产品主要为畜禽产品（如猪牛肉和家禽肉、猪和家禽、禽蛋）、蔬菜（如番茄、辣椒、胡萝卜、莴苣、大蒜、洋葱）、水果（木瓜、甜瓜、柠檬、椰子、菠萝、龙眼），这些产品大部分为亚热带农产品，在东盟各国和中国南方的产量均较大；越南的例外产品为畜禽类（如家禽、家禽肉、禽蛋）、水果（如柠檬、柚子），其中畜禽类产品居多数。马来西亚对中国没有例外产品，对东盟其他成员国则有 22 种例外农产品，主要为东南亚各国均盛产的热带水果（如香蕉、菠萝、番石榴、芒果、红毛丹、龙宫等）。

三、早期收获计划中的特定产品

一些东盟国家考虑到自身与中国在 HS 编码前 8 章产品范围内的贸易量较小，无法实现贸易利益的平衡，因此将前 8 章之外的部分产品设定为特定产品。并且规定，特定产品的优惠关税只在中国与提出特定产品的东盟成员间相互适用。比如，印度尼西亚、马来西亚和泰国分别提出将咖啡、棕榈仁油、椰子油、肥皂、无烟煤和焦炭等设为特定产品；而菲律宾则提出将椰子油、可可粉和藤椅等设为特定产品。

四、早期收获计划中的产品降税安排

考虑到不同早期收获产品的关税税率不同，不同国家对同一种早期收获产品规定的关税税率也不相同，为保证降税进程的平稳，中国与东盟各国商定，将早期收获产品按其在 2003 年 7 月 1 日实施的关税税率分成三大类，并按照不同的时间表进行削减和取消。

中国和东盟 5 个老成员国（文莱、印度尼西亚、马来西亚、新加坡、泰国）之间的降税模式如下：第一类产品（关税高于 15% 的产品）在 2004 年 1 月 1 日削减为 10%，在 2005 年 1 月 1 日削减为 5%，在 2006 年 1 月 1 日降为零；第二类产品（关税高于或等于 5% 但低于或等于 15% 的产品）在 2004 年 1 月 1 日削减为 5%，在 2005 年 1 月 1 日削减为零；第三类产品（关税低于 5% 的产品）在 2004 年 1 月 1 日削减为零。菲律宾在 2005 年 4 月才决定参加早期收获计划，按照规定，应将所有早期收获产品的关税税率在 2006 年 1 月 1 日全部降为零。

为了体现对柬埔寨、老挝、缅甸和越南这 4 个东盟新成员国的照顾，其他各国允许其以较慢的速度降税，从而享受更长的过渡期。其中，越南对早期收获产品的降税计划也从 2004 年开始，但是相比 5 个东盟老成员国，可以多享受两年的过渡期，即至 2008 年才需要取消全部关税。其中，第一类产品（关税高于或等于 30% 的产品）的关税在 2004 年 1 月 1 日应削减至 20%，此后每年削减 5 个百分点，2008 年 1 月 1 日削减为零；第二类产品（关税高于或等于 15% 但低于 30% 的产品）的关税应在 2004 年 1 月 1 日削减至 10%，在 2006 年 1 月 1 日削减到 5%，在 2008 年 1 月 1 日削减为零；第三类产品（关税低于 15% 的产品）的关税应在 2004 年 1 月 1 日削减至 5%，在 2008 年 1 月 1 日削减为零。

老挝和缅甸对早期收获产品的降税计划从 2006 年开始，至 2009 年应取消全部关税。这两个国家第一类产品（关税高于或等于 30% 的产品）的关税，应在 2006 年 1 月 1 日削减至 20%，在 2007 年和 2008 年每年削减 6 个百分点，至 2009 年 1 月 1 日削减为零；第二类产品（关税高于或等于 15% 但低于 30% 的产品）的关税，应在 2006 年 1 月 1 日削减至 10%，在 2008 年 1 月 1 日削减至 5%，在 2009 年 1 月 1 日削减为零；第三类产品（关税低于 15% 的产品）的关税，应在 2006 年 1 月 1 日削减至 5%，在 2009 年 1 月 1 日削减为零。

柬埔寨对早期收获产品的降税计划从 2006 年开始，至 2010 年取消全部关税。其中，第一类产品（关税高于或等于 30% 的产品）的关税，应在 2006 年 1 月 1 日削减至 20%，此后每年削减 5 个百分点，至 2010 年 1 月 1 日削减为零；第二类产品（关税高于或等于 15% 但低于 30% 的产品）的关税，应在 2006 年 1 月 1 日削减至 10%，在 2008 年 1 月 1 日削减至 5%，在 2010 年 1 月 1 日削减为零；第三类产品（关税低于 15% 的产品）的关税，应在 2006 年 1 月 1 日削减至 5%，在 2010 年 1 月 1 日削减为零。

五、零关税进程的加速——《中泰果蔬贸易零关税协议》

早期收获计划在 2004 年 1 月 1 日开始实施，但是，在此之前中国与部分东盟国家已经提前实施了针对部分农产品的零关税进程。《中国与东盟全面经济合作框架协议》签署后，中泰两国政府于 2003 年 6 月又签署了《中华人民共和国政府与泰王国政府关于在〈中国与东盟全面经济合作框架协议〉“早期收获”方案下加速取消关税的协议》，该协议规定，中泰两国将对 188 项蔬菜和水果类产品实现零关税。其中，蔬菜类产品为食用蔬菜、根及块茎，共 108 项。水果类产品为水果及坚果等，共 80 项。该协议于 2003 年 10 月 1 日开始实施，比早期收获计划的实施早两个月。中泰两国签署的加速协议并不是封闭的双边协议，也就是说，其他东盟成员均可自愿参加。2004 年 6 月，新加坡加入了《中泰果蔬贸易零关税协议》，原有的两国协议扩展为三国协议。

第二节　中国早期收获产品对东盟的出口贸易

根据早期收获计划中减税的时间安排，中国和东盟六国（马来西亚、新加坡、印度尼西亚、菲律宾、泰国、文莱）的关税削减和取消时间比较一致：都在 2006 年将早期收获产品的关税降至零。同时，考虑中国与其他四国之间的贸易量相对较小，并且相互间的关税也在随后几年中陆续下调至零，所以不管是东盟老成员国还是其他四国，本节对出口贸易分析的时间起点均统一定为 2006 年。为了便于统计，本章考虑的早期收获产品只包括 HS 编码中的前 8 章农产品。

一、中国对东盟早期收获产品的出口增长率

总体上，中国对东盟早期收获产品的出口呈现明显的上升趋势，出口增长率仅在 2012 年出现过一次负增长（见图 4-1，详细数据见附录 D）。2006 年，中国对东盟早期收获产品的出口金额仅为 11.42 亿美元，到 2014 年已经达到 78.66 亿美元，增长了近 6 倍。但是，在这个过程中，年度增长率具有明显的波动性。虽然在 8 个年度增长率中只有一年为负数，但是最高增长率与最低增长率相差非常大：

2009 年的增长速度最快为 46%，2012 年出现了负增长，为-9.5%。

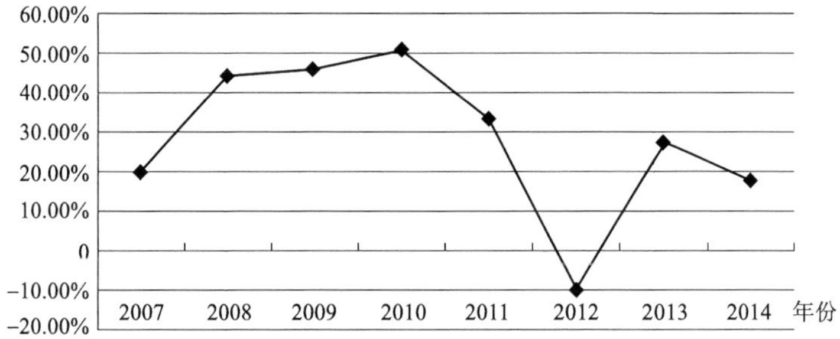

图 4-1　2007—2014 年中国对东盟早期收获产品的出口增长率

数据来源：联合国 Comtrade 数据库。

从国别贡献的角度，东盟各国对中国早期收获产品出口增长的贡献率相差较大（见图 4-2）。其中，对中国出口增长贡献率比较稳定的市场有三个，即马来西亚、新加坡和其他四国。马来西亚对中国出口增长的平均贡献率为 21%左右，而新加坡和其他四国的贡献率一直较小，大约为 4.2%和 2.8%。其他几个国家贡献率的波动性相对较大，最明显的是菲律宾，贡献率最高时为 2007 年的 122%，最低时为 2011 年的-38%。

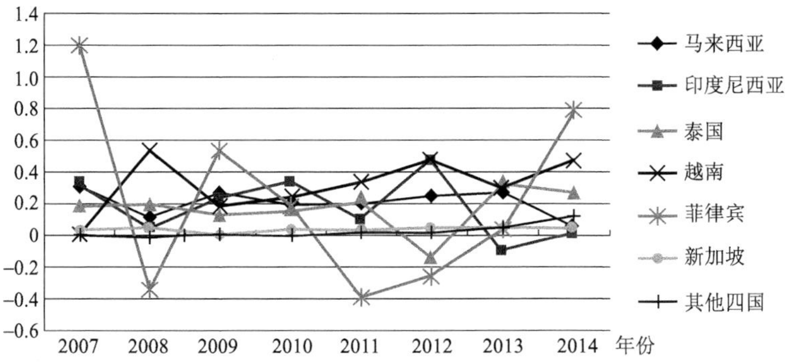

图 4-2　2007—2014 年东盟各国家对中国早期收获产品出口增长的贡献率

数据来源：联合国 Comtrade 数据库。

二、早期收获产品在中国对东盟农产品出口中的重要性

早期收获产品在中国对东盟农产品出口中的比重，在所考虑的 9 个年份中，有 5 个年份均超过了 50%。在 2007 年的比重最低，为 36%，在 2011 年达到最高，为 60.4%。并且，早期收获产品在中国对东盟农产品出口增长中的贡献率也很高，平均为 40.7%。总体上，年度贡献率的变化趋势呈现出一个 V 字形，并且在不同年份具有一定的波动性（见图 4-3）。其中，2009 年的贡献率最高，为 110%；2012 年最低，为-212%。

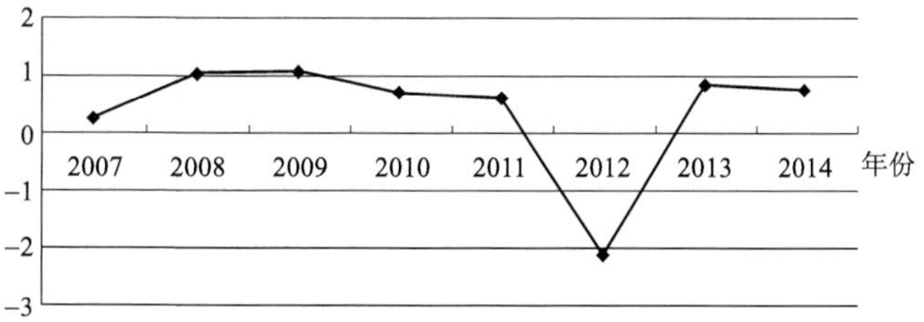

图 4-3　2007—2014 年早期收获产品在中国对东盟农产品出口增长中的贡献率

数据来源：联合国 Comtrade 数据库。

三、中国对东盟早期收获产品的出口商品集中度

在本节所考虑的早期收获产品的范围内，中国的出口商品集中度总体上呈下降趋势。根据 Hirschman 指标计算的出口商品集中度（根据章对产品分类）的平均值为 0.58，2010 年达到最高，为 0.61，2014 年最低，为 0.54（见图 4-4）。具体而言，中国的出口产品主要集中在三种上：07 章（食用蔬菜、根及块茎）、08 章（食用水果及坚果、甜瓜或柑橘属水果的果皮）、03 章（鱼、甲壳动物、软体动物及其他水生无脊椎动物）。这三种产品在所有 8 章产品中的出口比重每年均维持在 90%左右。其中，2010 年最高，达到 95.1%；2007 年最低，为

89%。在所有8章产品中，年均出口增长率最高的三种产品为06章（活树及其他活动物、鳞茎、根及类似品、插花及装饰用簇叶）、03章、05章（其他动物产品），其年均增长率分别为48.3%、40.3%和36.4%。

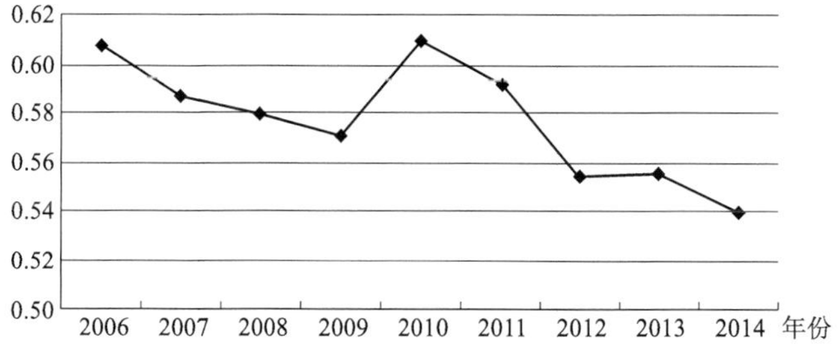

图4-4　2006—2014年中国对东盟早期收获产品的出口商品集中度

数据来源：联合国Comtrade数据库。

第三节　中国早期收获产品在东盟市场中的风险与相关性

由于早期收获产品在东盟四个国家即缅甸、柬埔寨、文莱和老挝的出口量较少，因此可将其视为一个市场，并研究中国对马来西亚、印度尼西亚、泰国、越南、菲律宾、新加坡和其他四个国家（缅甸、柬埔寨、文莱和老挝）早期收获产品出口市场的有效组合。下面从出口波动性、出口地理集中度和相关性三个视角，分析中国早期收获产品在2006年至2014年的时间范围内，对东盟市场的出口贸易特征。

首先，中国对7个市场的出口金额均呈现出快速上升趋势。总体上，对各市场出口金额的年均增长率均超过13%，但是各市场之间的差异比较明显。其中，对印度尼西亚的出口增长率最低，为13.9%。

对其他四国的出口增长速度最快，出口金额从2006年的0.177亿美元增加到2014年的2.55亿美元，年均增长速度高达39.6%。在另外的5个市场中，只有泰国、越南和菲律宾的年均增长率超过了30%。同时，中国在7个市场上的出口增长率具有明显的波动性。在2007年至2014年的时间内，除了泰国以外，每个市场上的年均出口增长率均至少出现过一次负数（见图4-5）。这7个市场上的出口波动最终导致了中国早期收获产品总出口金额的明显波动。因此，降低中国早期收获产品出口所面临的波动风险具有重大的现实意义。

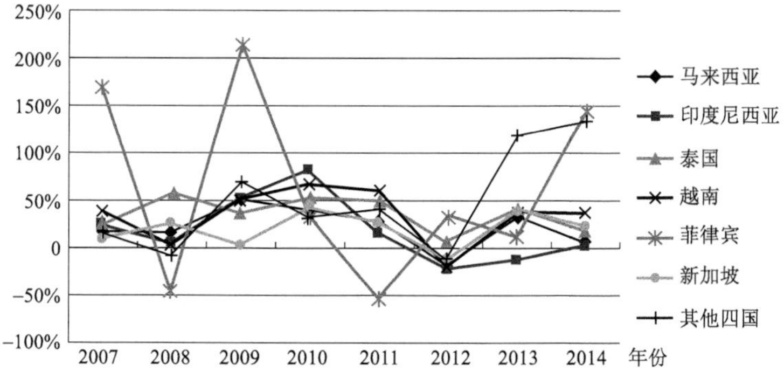

图4-5 2007—2014年中国在东盟7个市场的出口增长率

数据来源：联合国Comtrade数据库。

其次，中国早期收获产品出口市场的地理集中度总体上趋于稳定。根据Hirschman指标计算的地理集中度总体上围绕0.19的均值波动，最高时为2011年的0.199，最低时为2008年的0.185（见表4-1最后一行）。具体而言，中国早期收获产品的出口贸易主要集中于马来西亚、印度尼西亚、泰国、越南和菲律宾5个市场。其中，对马来西亚的平均出口份额最高，仅在2014年没有超过20%，对另外4个市场的出口份额在绝大多数年份中都超过了10%。对另外两个市场的出口份额最少，其份额之和在所有年份里都没有超过10%。其中，其他四国的历史最高份额还不到3%。

表 4-1　2006—2014 年中国早期收获产品在东盟 7 个市场的出口份额

年份 市场	2006	2007	2008	2009	2010	2011	2012	2013	2014	历史最高份额/%
马来西亚/%	26. 6	22. 4	25. 5	23. 2	20. 9	23. 0	22. 4	23. 6	18. 8	26. 6
印度尼西亚/%	23. 4	20. 5	20. 9	19. 3	22. 8	22. 0	19. 1	13. 3	10. 4	23. 4
泰国/%	12. 7	11. 3	17. 5	14. 6	14. 6	18. 6	21. 7	24. 5	22. 3	24. 5
越南/%	17. 0	16. 7	16. 6	15. 4	17. 0	23. 6	20. 7	22. 7	23. 5	23. 6
菲律宾/%	11. 7	22. 4	11. 5	22. 1	19. 8	7. 5	10. 9	9. 7	17. 9	22. 4
新加坡/%	7. 3	5. 7	6. 9	4. 4	4. 1	4. 4	4. 2	4. 6	4. 2	7. 3
其他四国/%	1. 3	1	0. 9	1	0. 8	1	0. 9	1. 6	2. 9	2. 9
Hirschman 指标	0. 19	0. 186	0. 185	0. 187	0. 187	0. 199	0. 191	0. 197	0. 186	—

数据来源：联合国 Comtrade 数据库。

最后，7 个市场上出口增长率之间的相关系数具有较大的差异性。其中，对马来西亚和越南的出口增长率之间的相关系数最大，为 0. 791，对泰国和菲律宾的出口增长率之间的相关系数最小，为-0. 51（见表 4-2）。并且，共有 4 对市场的增长率之间的相关系数为负数。这意味着通过有效的市场多元化管理可以降低中国早期收获产品在出口中面临的非系统性风险，但是不能完全消除。

表 4-2　中国对 7 个市场出口增长率之间的相关系数

	马来西亚	印度尼西亚	泰国	越南	菲律宾	新加坡	其他四国
马来西亚	1						
印度尼西亚	0. 702	1					
泰国	0. 649	0. 436	1				
越南	0. 791	0. 713	0. 461	1			
菲律宾	0. 171	0. 317	-0. 510	0. 190	1		
新加坡	0. 476	0. 320	0. 754	0. 587	-0. 427	1	
其他四国	0. 259	-0. 075	-0. 074	0. 427	0. 310	0. 364	1

数据来源：联合国 Comtrade 数据库。

第四节　中国早期收获产品出口市场的有效组合

本节仅考虑中国早期收获产品在前文所述的东盟 7 个市场上的有效组合。中国早期收获产品在这 7 个市场的出口金额均呈现出明显的上升趋势，因此，可以考虑最小化出口金额增长率的总体波动风险，即应该使用以稳定出口增长率为目标的出口市场组合模型求解有效市场组合和有效边界。为了使下面的经验分析具有典型意义，此处选择的出口金额增长率样本区间为 2007 年至 2014 年：在此期间，中国早期收获产品在 7 个市场上的出口金额增长率均至少经历了一个完整的波动周期。求解出口市场组合模型的软件为 EXCEL 中的规划求解工具。为了使中国早期收获产品出口市场的有效组合更具有现实意义，此处对早期收获产品在 7 个市场上的出口份额分别设定上限和下限。所有市场的出口份额下限为 0，而上限则不相同。很明显，这些设定具有一定的主观性。为了减少这种主观性，根据中国早期收获产品在 7 个市场上的历史出口份额、市场的规模以及成长性，此处选择了三组上限标准：其一，每个市场的份额上限为各自在样本区间内历史最高份额的 1.5 倍；其二，每个市场的份额上限为所有市场在其样本区间内历史最高份额的 2 倍；其三，每个市场的份额上限均为 1，实质上相当于没有设定上限。

图 4-6 至图 4-8 显示的是根据上述三组上限标准分别得到的中国早期收获产品出口市场的有效边界。从总体上看，有效边界的形状表明，要获得更高的预期出口金额增长率，就必须承担更高的波动风险。有效边界上的每一个点都表明在既定的预期出口金额增长

率下的出口波动风险最小，并且这些点代表了不同的有效市场组合（见表 4-3 至表 4-5），也就是既定预期出口增长率下的最优出口市场结构。在每个市场组合中，每个市场的份额取决于该市场的预期出口金额增长率、增长率的方差以及与其他市场增长率之间的协方差。

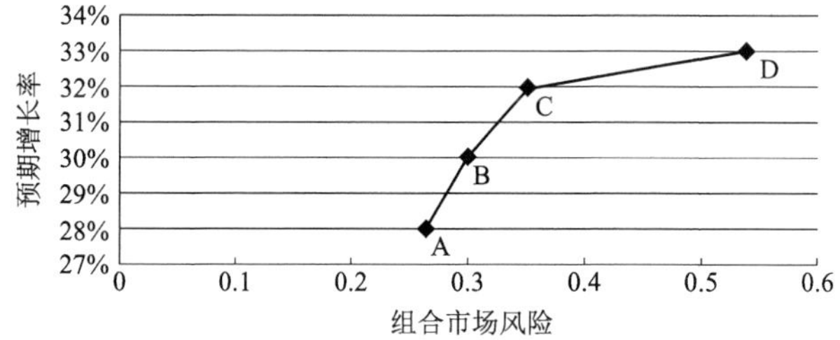

图 4-6　中国早期收获产品出口市场的有效边界（上限为历史最高份额的 1.5 倍）

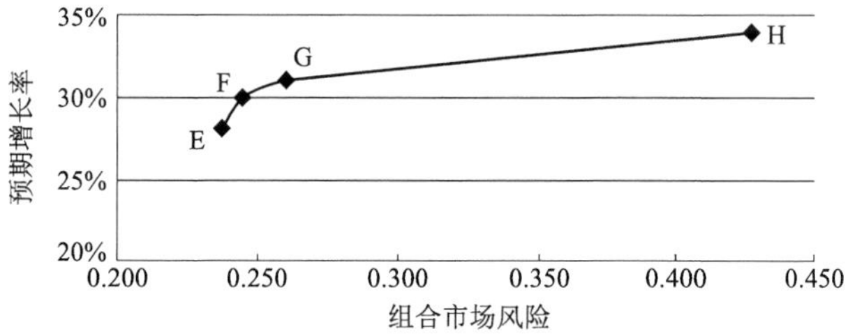

图 4-7　中国早期收获产品出口市场的有效边界（上限为历史最高份额的 2 倍）

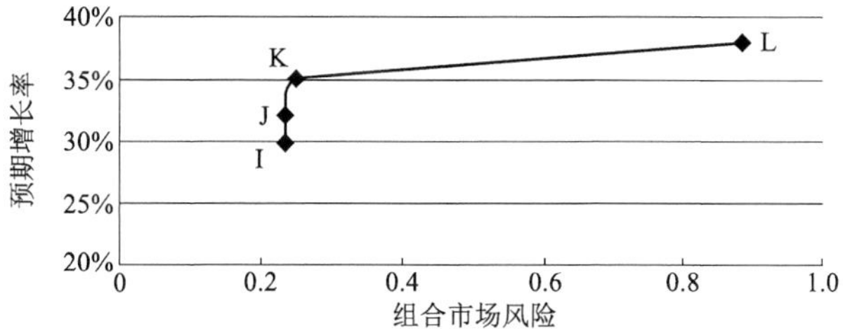

图 4-8　中国早期收获产品出口市场的有效边界（上限为 1）

表 4-3　　中国早期收获产品出口市场的有效组合

（上限为历史最高份额 1.5 倍）

有效组合点	A	B	C	D	上限份额/%
预期出口增长率/%	28	30	32	33	
组合市场风险	0.265	0.301	0.35	0.538	
马来西亚/%	31	26.8	12.2	4.0	40.0
印度尼西亚/%	0	0	0	0	35.1
泰国/%	36.8	36.8	36.8	36.8	36.8
越南/%	21.3	35.4	35.4	35.4	35.4
菲律宾/%	0	0	11.3	19.5	33.6
新加坡/%	10.9	0	0	0	10.9
其他四国/%	0	1.0	4.4	4.4	4.4
Hirschman 指标	0.289	0.332	0.29	0.302	—

表 4-4　　中国早期收获产品出口市场的有效组合

（上限为历史最高份额 2 倍）

有效组合点	E	F	G	H	上限份额
预期出口增长率/%	28	30	31	34	
组合市场风险	0.238	0.245	0.261	0.427	
马来西亚/%	30.9	26.0	21.1	0	53.2
印度尼西亚/%	0	0	0	0	46.8
泰国/%	49.0	49.0	49.0	49.0	49.0
越南/%	55.0	21.4	29.9	27.1	47.2
菲律宾/%	0	0	0	18.1	44.8
新加坡/%	14.6	3.5	0	0	14.6
其他四国/%	0	0	0	5.8	5.8
Hirschman 指标	0.36	0.355	0.374	0.35	—

表 4-5　　中国早期收获产品出口市场的有效组合（上限为 1）

有效组合点	I	J	K	L	上限份额/%
预期出口增长率/%	30	32	35	38	
组合市场风险	0.236	0.239	0.256	0.883	
马来西亚/%	13.7	9.9	1.4	0	100
印度尼西亚/%	0	0	0	0	100
泰国/%	67.7	79.9	98.6	36.4	100
越南/%	0	0	0	0	100
菲律宾/%	0	0	0	0	100
新加坡/%	18.5	10.2	0	0	100
其他四国/%	0	0	0	63.6	100
Hirschman 指标	51.2	65.9	97.3	53.7	—

在上限为历史最高份额 1.5 倍的有效边界中，A 点的预期出口金额增长率（28%）和组合市场风险（0.265）均为最低，而 D 点的预期出口金额增长率（33%）和组合市场风险（0.538）均为最高。在 4 个代表性有效组合点中，印度尼西亚的出口份额都为 0，其原因在于：中国在印度尼西亚的年均出口增长率较低仅为 13.9%，远小于市场组合的预期增长率，同时出口增长率的方差也较大（见表 4-6）。而泰国的市场份额达到份额上限，其原因在于：中国对泰国的年均出口增长率较高（35.2%），泰国市场上出口增长率的方差也较低，同时与其他市场的协方差也较小。因此泰国成为了理想市场。其他市场的份额随着组合市场预期增长率的变化，或者增加或者下降。

在上限为历史最高份额 2 倍的有效边界中，E 点的预期出口金额增长率（28%）和组合市场风险（0.238）均为最低，而 H 点的预期出口金额增长率（34%）和组合市场风险（0.427）均为最高。在四个有效组合中，印度尼西亚和泰国的市场份额与上限为历史最高份额

1.5 倍时的情形一样保持不变：印度尼西亚的份额为 0，而泰国的市场份额为其出口上限，原因也类似。其他市场的份额随着组合市场预期增长率的变化，或者增加或者下降。

在上限为 1 的有效边界中，I 点的预期出口金额增长率（30%）和组合市场风险（0.236）均为最低，而 L 点的预期出口金额增长率（38%）和组合市场风险（0.883）均为最高。在这种没有约束的条件下，有三个市场（印度尼西亚、越南和菲律宾）的市场份额均为 0，其原因在于：年均增长率较低或者方差和协方差较大。由于泰国市场的方差和协方差均较小，同时平均年增长率也较高，在四个有效组合中的市场份额均较高。

表 4-6　中国早期收获产品对 7 个市场出口增长率的方差和协方差

	马来西亚	印度尼西亚	泰国	越南	菲律宾	新加坡	其他四国
马来西亚	0.037						
印度尼西亚	0.040	0.114					
泰国	0.019	0.023	0.032				
越南	0.040	0.063	0.022	0.090			
菲律宾	0.029	0.095	-0.081	0.050	1.020		
新加坡	0.014	0.017	0.021	0.027	-0.066	0.031	
其他四国	0.024	-0.012	-0.006	0.062	0.152	0.031	0.308

数据来源：联合国 Comtrade 数据库。

综合比较三个上限标准下的有效市场组合，可以发现不同上限的设置对大部分市场的目标份额都产生了明显的影响。尽管如此，与样本区间内的出口份额相比，无论政策制定者偏好哪一个有效市场组合，都仍然可以得到两个明确的政策建议：其一，中国的早期收获产品应该退出印度尼西亚市场；其二，中国的早期收获产品应该增加对泰国市场的出口份额。而对其他市场出口份额的增加或减少取决于政策制定者对待风险的态度。比如，在上限为历史最高份额2倍的场合，如果中国的政策制定者属于极端的风险厌恶型，则会选择有效边界上E点所对应的市场组合，此时马来西亚的市场份额为30.9%，高于马来西亚的所有历史份额，因此应该增加马来西亚的市场份额；如果中国的政策制定者属于极端的风险喜好型，则会选择有效边界上H点所对应的市场组合，此时马来西亚的市场份额为0，意味着中国的早期收获产品应该退出马来西亚市场。

最后，根据表4-3至表4-5中各个有效市场组合中的目标份额，可以利用Hirschman指标计算对应于不同预期出口金额增长率的出口地理集中度。进一步地看，比较各个有效市场组合和样本区间中的地理集中度（见表4-1最后一行），12个有效市场组合所对应的地理集中度明显大于样本区间中的地理集中度。地理集中度越低越好还是越高越好呢？在三种上限场合中，都可以发现一个共同的现象：地理集中度最高的市场组合，其市场组合对应的风险水平却不是最高的。然后，综合考虑三个上限标准下的全部Hirschman指标和其对应的风险水平，可以发现出口地理集中度与出口风险之间不存在简单的线性关系（见图4-9）。原因在于，地理集中度的计算仅仅考虑各出口市场的出口份额，而不考虑各出口市场的波动风险。因此，即使出口国的出口主要集中于少数市场从而地理集中度较高，如果这些市场的波动风险较小，那么组合风险也会较低。反之，即使出口国的出口市场较多从而地理集中度较低，如果这些市场的波动风险都较高且正相关程度也较高，那么组合风险也会较高。这大概是已有的经验研究相互矛盾的主要原因。或者说，从出口波动风险的角度，一个给定的地理集中度数值并没有揭示有效的信息，只有当它与具体的出口市场及其份额结合在一起时才更有意义。

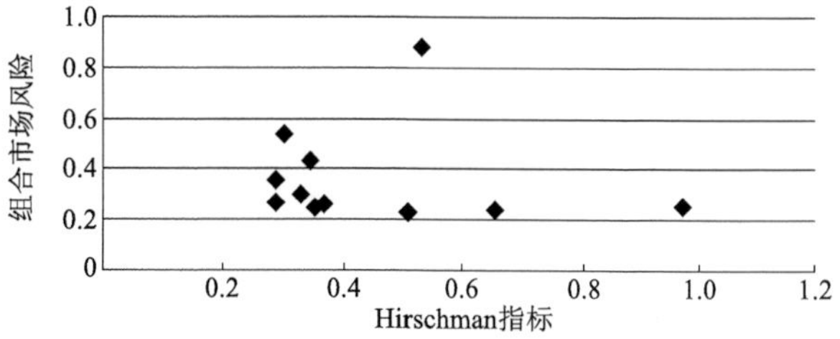

图 4-9　Hirschman 指标与组合市场之间的散点图

本章小结

早期收获计划是《中国与东盟全面经济合作框架协议》第 6 条规定的降税计划。早期收获产品则是这个计划所涉及的所有减税产品。该计划的启动时间为 2004 年 1 月 1 日。早期收获计划是为了在中国与东盟自由贸易区正式成立之前提前降税，让各成员国较早地享受自由贸易的好处。

根据早期收获计划中减税的时间安排，中国和东盟六国（马来西亚、新加坡、印度尼西亚、菲律宾、泰国、文莱）的关税削减和取消时间比较一致：都在 2006 年将早期收获产品的关税降至零。中国与东盟其他四国之间的关税也在随后几年中陆续下调至零。2006 年以来，中国对东盟早期收获产品的出口呈现明显的上升趋势。

总体上，中国早期收获产品对东盟 7 个市场（东盟 6 个老成员国和作为一个整体的其他四国）出口金额的年均增长率均超过 13%，但是各市场之间的差异比较明显。这 7 个市场上的出口波动最终导致了中国早期收获产品总出口金额的明显波动。因此，降低中国早期收获产品出口所面临的波动风险具有重大的现实意义。

中国早期收获产品在东盟 7 个市场上的出口金额均呈现出明显的

上升趋势，因此，可以考虑最小化出口金额增长率的总体波动风险，即应该使用以稳定出口增长率为目标的出口市场组合模型求解有效市场组合和有效边界。与样本区间内的出口份额相比，无论政策制定者偏好哪一个有效市场组合，仍然可以得到两个明确的政策建议：其一，中国的早期收获产品应该退出印度尼西亚市场；其二，中国的早期收获产品应该增加对泰国市场的出口份额。而对其他市场出口份额的增加或减少取决于政策制定者对待风险的态度。出口地理集中度与出口风险之间不存在简单的线性关系。原因在于，地理集中度的计算仅仅考虑各出口市场的出口份额，而不考虑各出口市场的波动风险。

第五章

中国对东盟六国苹果出口市场结构的优化

随着全球经济的不断发展，世界水果贸易也迅速增长。中国幅员辽阔，具有生产水果的优良先天条件。近年来，中国水果出口占世界总出口的比重呈现出比较稳定的上升趋势。2002 年，世界水果出口总额为 307.47 亿美元，而中国水果出口 5.55 亿美元，仅占世界总出口的 1.8%。到 2014 年，世界水果出口总额达 990.34 亿美元，中国出口达 43.18 亿美元，占世界总出口的 4.36%，年均增长率达 7.64%。本章以苹果（HS 编码为 080810）为例，分析其在东盟的出口市场结构优化问题。

中国是苹果的种植大国，种植面积和产量均位列全球第一。在国际贸易中，苹果是中国比较优势和竞争优势都比较明显的农产品之一。① 在最近 10 多年的时间里，苹果的出口总额占中国水果出口总额

① 苹果树喜低温，成长环境要求冬无严寒夏无酷暑，被誉为温带水果之王。中国幅员辽阔，气候类型多样，大部分区域都处于温带，具有生产苹果的良好自然条件。从产区上看，中国适宜种植苹果的区域很多。传统产区主要划分为渤海湾、黄土高原、黄河故道、西南冷凉高地四大主产区及近年发展迅速的新疆地区。中国七大苹果主产省分别是辽宁、山东、河北、河南、山西、陕西和甘肃。从种植面积上看，2014 年中国苹果种植面积占世界种植面积的 46.34%，达 222.15 万公顷。同时，中国苹果产量的增长率近年来维持在 7% 左右。2014 年，中国苹果的产量达到 3 849.1 万吨。从品种来看，中国苹果以红富士为主，其产量占总产量的 65%。苹果主产省山东的红富士种植面积和产量分别占全省的 70.2% 和 76.2%。其他苹果主产区如陕西、北京、河南、河北、甘肃和山西的富士品种比例也占其苹果生产总量的 60% 以上。

的比重一直维持在20%以上。本章所考虑的苹果为鲜苹果。并且，考虑到部分东盟国家的经济发展阶段和市场需求以及历史出口情况，本章主要考虑中国苹果在东盟的6个主要出口目的国（印度尼西亚、马来西亚、新加坡、菲律宾、泰国和越南）的出口市场结构问题。作为易腐品，苹果的种植者以及销售商会比较重视销量的稳定性。因此，本章将中国苹果产业视为一个整体，从出口波动风险最小化的角度，检验中国苹果在东盟六个国家的出口市场结构是否已经实现了最优化，并提出相应的调整建议。

本章的主要内容安排如下：第一节介绍中国苹果在东盟六国出口的整体情况；第二节介绍中国苹果在东盟六国市场上面临的风险与相关性，也就是在六个市场上出口数量的波动性及其相互间的相关系数；第三节应用出口市场组合模型求解中国苹果在东盟六国的有效市场组合。

第一节　中国苹果对东盟六国的出口贸易

中国加入世界贸易组织以来，苹果出口贸易量不断上升。2002年，出口金额为1.49亿美元，到2014年出口金额已经高达10.28亿美元，增长了近6倍，年均增长率高达17.46%。其中，中国苹果出口到东盟六国的份额一直维持在50%左右。东盟六国已经成为中国苹果出口的重要目标市场。

一、中国苹果在东盟六国的出口金额增长率

2002年中国苹果出口到东盟六国的总金额为0.83亿美元，2014年为5.04亿美元，年平均增长率为16.22%，略低于中国苹果全部出

口金额的年平均增长率。年度出口金额增长率虽然波动性较大，但是整体上表现为下降趋势（见图 5-1）。其中，2003 年和 2008 年的增长率均高达 40%，到 2014 年已经降至 3.3%。

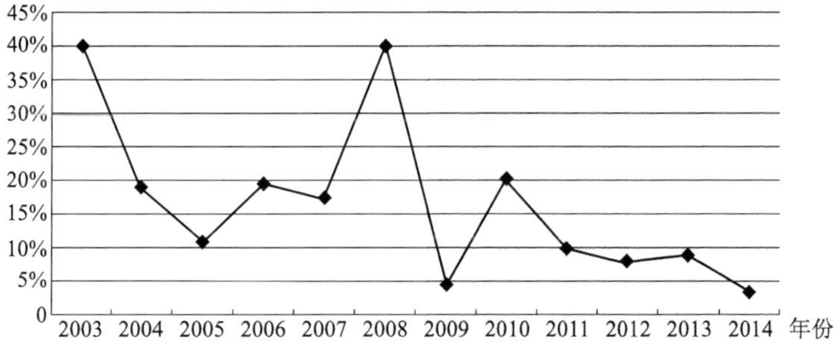

图 5-1　2003—2014 年中国苹果在整个东盟六国市场上的出口金额增长率

数据来源：联合国 Comtrade 数据库。

从单个国家的情况来看，中国苹果在东盟六个国家的出口金额增长率虽然在大部分年份中都为正，但总体而言波动很大（见图 5-2）。在中国苹果的几个进口大国之中，印度尼西亚和越南市场上出口金额增长率的波动性非常明显，而泰国市场上的出口金额增长率则在波动中呈现明显的下降趋势。

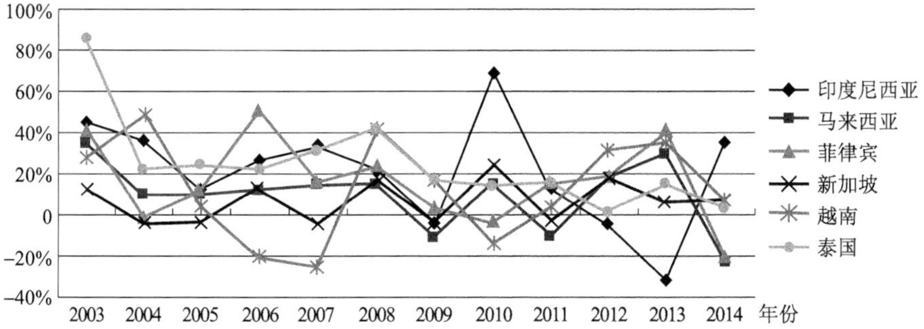

图 5-2　2003—2014 年中国苹果对东盟六国的出口金额增长率

数据来源：联合国 Comtrade 数据库。

二、东盟六国市场对中国苹果出口的重要性

东盟市场在中国苹果出口市场中的重要性，在以下三个方面表现得非常清楚。

首先，自从加入世界贸易组织以来，中国苹果对东盟六国的出口金额占中国所有出口的比重基本上维持在50%左右（见图5-3）。2002年的比重最高，达到56%，随后呈下降趋势，到2007年降至最低，为42%，之后又缓慢增加，于2014年又回到49%。

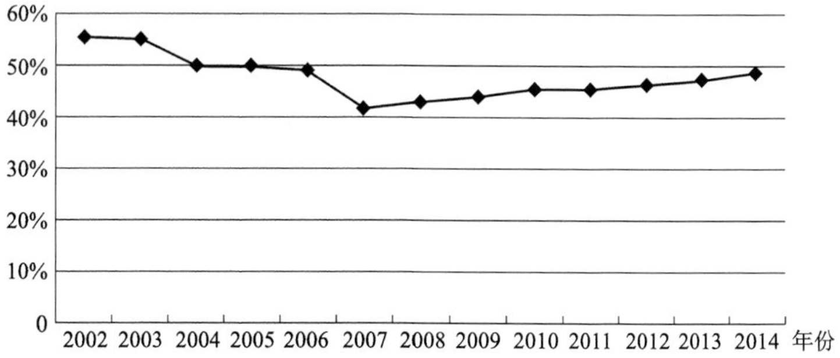

图5-3　2002—2014年东盟市场在中国苹果出口市场中的比重

数据来源：联合国 Comtrade 数据库。

其次，从贡献率的角度，东盟市场的重要性也不言而喻。在2003年至2013年期间，东盟市场在中国苹果对世界出口增长过程中的贡献率维持在52%左右。贡献率总体呈现出上升趋势（见图5-4）。需要强调的是，在2014年中国对整个世界的出口金额较前一年下降200万美元的背景下，对东盟市场的出口却增加了1 600万美元。

最后，从2014年国别市场重要性的排名来看，东盟六国市场都占据着重要位次。2014年，中国苹果的出口目的国和地区共计55个，出口总值达10.28亿美元，位列世界第二（仅次于美国）。前十名目标

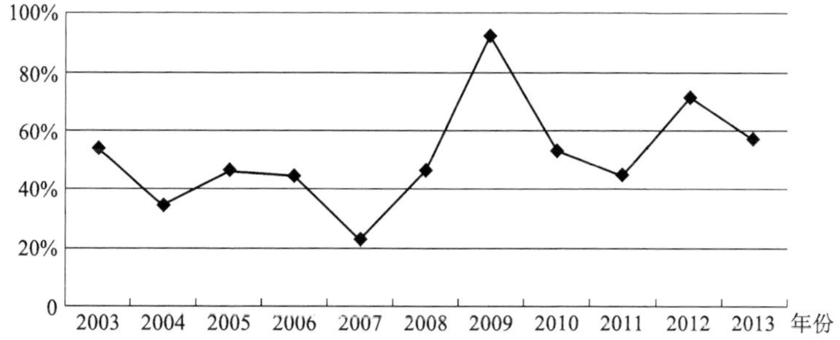

图 5-4　2003—2013 年东盟市场对中国苹果出口增长的贡献率

数据来源：联合国 Comtrade 数据库。

国家的出口份额占中国苹果出口总额的 80.41%（见图 5-5）。本章关注的东盟六国都进入了 2014 年中国苹果 10 大出口市场的行列，六国共占 53.61% 的出口份额。这表明不仅中国苹果在世界范围内的出口市场高度集中，也表明东盟六国在中国苹果出口中具有非常重要的地位。

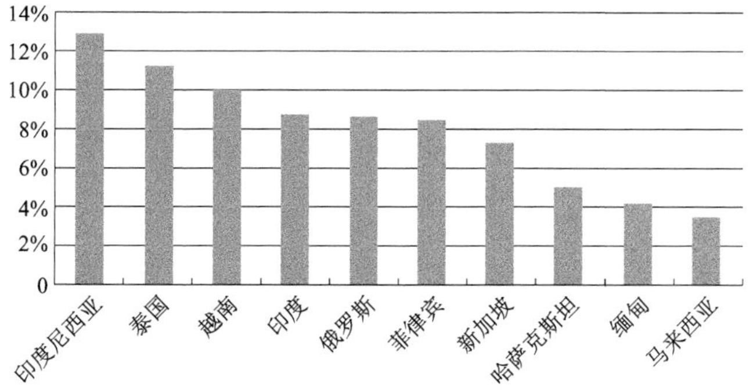

图 5-5　2014 年中国苹果的 10 大出口市场在总出口中的比重

数据来源：联合国 Comtrade 数据库。

具体而言，中国苹果出口的第一大目标国是印度尼西亚，出口总额为 1.33 亿美元，占出口总价值的 12.95%；第二大目标国是泰国，出口总额为 1.16 亿美元，占出口总价值的 11.31%；第三大目标国是越南，出口总额为 1.02 亿美元，占出口总价值的 9.91%。这三国占中国苹果出口总额的 34.17%。另外，菲律宾、新加坡和马来西亚三国所占的出口比重也高达 19.43%。

总体而言，从东盟六国对苹果的进口总量来看，除了越南以外，各国对苹果的进口金额总体上均以较快的速度在增加（见图 5-6）。其中，印度尼西亚和泰国增加的进口金额最多，不过近两年的进口额均有所下降；菲律宾、马来西亚和新加坡对苹果的进口额也在不断增加；越南对苹果的进口额最小，同时增幅也非常有限。从总体上看，这六国的进口额在快速增加，意味着中国苹果在六国市场仍有较大的增长空间。

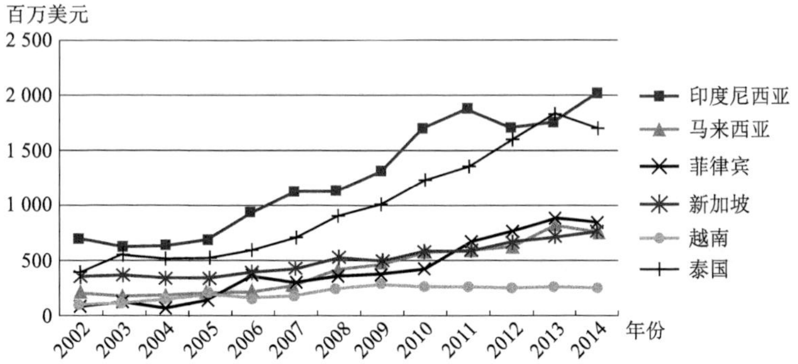

图 5-6　2002—2014 年东盟六国对苹果的进口额

数据来源：联合国 Comtrade 数据库。

第二节　中国苹果在东盟六国市场中的风险与相关性

考虑中国与东盟之间在早期收获计划中的减税时间安排表，为了更准确地观察中国苹果在东盟六国市场上的风险，本节将对越南的观测时间定在 2008 年至 2014 年，其他五国的观测时间定在 2006 年至 2014 年。[①] 同时，为了排除价格波动的影响，本节主要考察中国苹果

① 2003 年 7 月 1 日，中国与东盟各国之间的鲜苹果关税税率超过 15%。

在东盟六国市场上基于数量视角的贸易特征。

首先，中国苹果在6个市场上的出口数量均没有表现出明显的上升或下降趋势。或者说，在六国市场上的出口数量均围绕某个均值上下波动，但是各市场之间的差异比较明显（见图5-7）。其中，对印度尼西亚和越南的年均出口量均超过10万吨，分别为11.5万吨和10.2万吨。对马来西亚和新加坡的年均出口量较小，分别为3.8万吨和2万吨。另外，在6个市场中除了新加坡和马来西亚2个市场外，其他4个市场上的年度出口数量表现出明显的波动性。因此，降低中国苹果在六国市场上所面临的波动风险具有重大的现实意义。

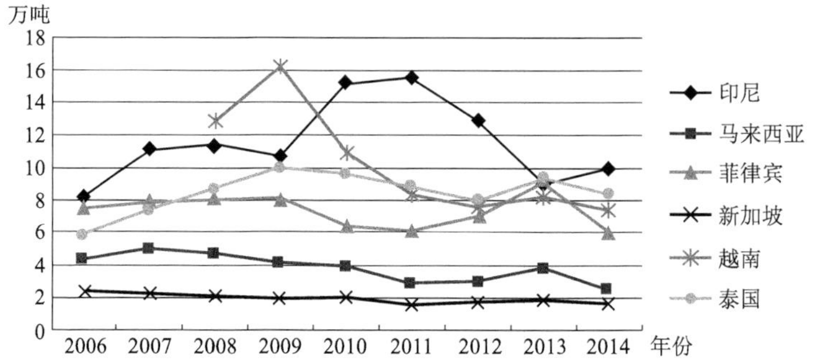

图5-7　2006—2014年中国对六国市场的苹果出口数量

数据来源：联合国Comtrade数据库。

其次，中国苹果出口市场的地理集中度总体上趋于上升。根据Hirschman指标计算的地理集中度总体上围绕0.45的均值波动，最低时为2006年的0.388，最高时为2011年的0.482，到2014年略微下降为0.456（见表5-1最后一行）。具体而言，中国苹果的出口贸易主要集中于印度尼西亚、泰国、越南和菲律宾4个市场，平均份额均为20%左右。对马来西亚的出口份额总体上趋于下降，最高为2007年的13%，2011年降至最低，仅为6.7%。在所有6个市场中，新加坡的平均份额最小，仅为4.8%，其最高份额也仅为7%。

表 5-1　2006—2014 年中国苹果在东盟六国市场上的出口份额

市场＼年份	2006	2007	2008	2009	2010	2011	2012	2013	2014	最高份额
印度尼西亚/%	23.7	29.0	23.8	20.9	32.0	36.0	32.1	21.6	27.4	36.0
马来西亚/%	12.4	12.7	9.8	8.0	8.0	6.7	7.3	9.2	7.0	12.7
菲律宾/%	21.7	20.4	17.0	15.9	13.0	14.2	17.3	22.0	17.1	22.0
新加坡/%	7.0	6.0	4.5	3.8	4.0	3.8	4.3	4.6	4.8	7.0
越南/%	18.7	13.5	26.8	32.0	23.0	19.2	19.0	19.7	20.7	32.0
泰国/%	16.6	19.0	18.2	19.5	20.0	20.3	19.9	22.4	23.0	23.0
Hirschman 指标	0.388	0.420	0.450	0.465	0.470	0.482	0.465	0.443	0.456	—

数据来源：联合国 Comtrade 数据库。

最后，在 6 个市场上出口数量之间的相关系数具有较大的差异性。其中，对马来西亚和新加坡的出口数量之间的相关系数最大，为 0.891；对印度尼西亚和菲律宾的出口数量之间的相关系数最小，为-0.608（见表 5-2）。并且，共有 6 对市场的出口数量之间的相关系数为负数。这意味着通过有效的市场多元化管理可以有效地降低中国苹果在出口中面临的非系统性风险，但不能完全消除。

表 5-2　中国苹果在 6 个市场出口量之间的相关系数

	马来西亚	菲律宾	新加坡	越南	泰国	印度尼西亚
马来西亚	1					
菲律宾	0.631	1				
新加坡	0.891	0.396	1			
越南	0.736	0.357	0.618	1		
泰国	-0.197	0.060	-0.529	0.711	1	
印度尼西亚	-0.279	-0.608	-0.367	-0.080	0.424	1

数据来源：联合国 Comtrade 数据库。

第三节　中国苹果出口市场的有效组合

本节仅考虑中国苹果在前文所述 6 个市场上的有效组合。中国苹果在这 6 个市场的出口数量均没有呈现出明显的上升或下降趋势，因此，可以考虑最小化出口数量的总体波动风险，即应该使用以稳定出口数量为目标的出口市场组合模型求解有效市场组合和有效边界。为了使下面的经验分析具有典型意义，此处选择的出口数量样本区间为 2006 年至 2014 年（越南为 2008 年至 2014 年）：在此期间，中国苹果在 6 个市场上的出口数量均至少经历了一个完整的波动周期。为了使中国苹果出口市场的有效组合更具有现实意义，此处对中国苹果在 6 个市场的出口份额分别设定上限和下限。所有市场的出口份额下限为 0，而上限则不相同。为了减少设定上限的主观性，此处选择三种不同的设定标准：其一，每个地区市场的份额上限均为 1，实质上相当于没有设定上限；其二，每个市场的份额上限为样本区间内历史最高份额的 1 倍；其三，每个市场的份额上限为样本区间内历史最高份额的 2 倍。

图 5-8 至图 5-10 显示的是，根据上述三种上限标准分别得到的中国苹果出口市场的有效边界。从总体上看，有效边界的形状表明，要获得更高的预期平均出口数量，就必须承担更高的波动风险。有效边界上的每一个点都表明在既定的预期出口数量下的出口波动风险最小，并且这些点代表了不同的有效市场组合（见表 5-3 至表 5-5）。在每个市场组合中，每个市场的份额取决于该市场的平均出口数量、出口数量的方差以及与其他市场平均出口数量之间的协方差。

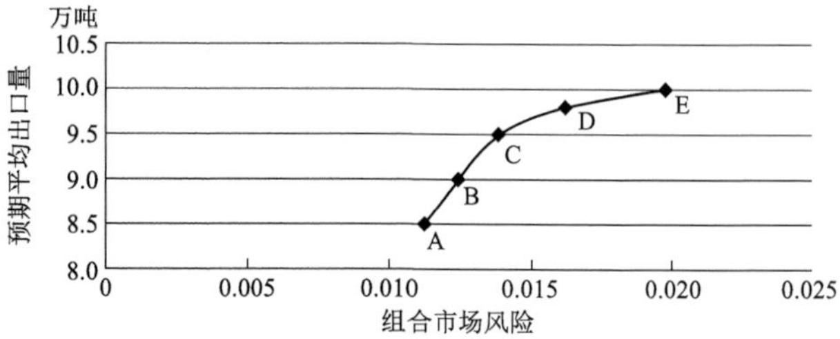

图 5-8　中国苹果在东盟六国出口市场的有效组合（上限为 1 倍）

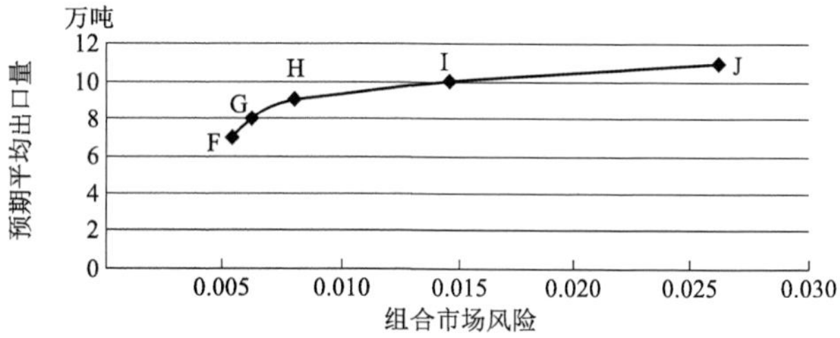

图 5-9　中国苹果对东盟六国出口市场的有效组合（上限为 2 倍）

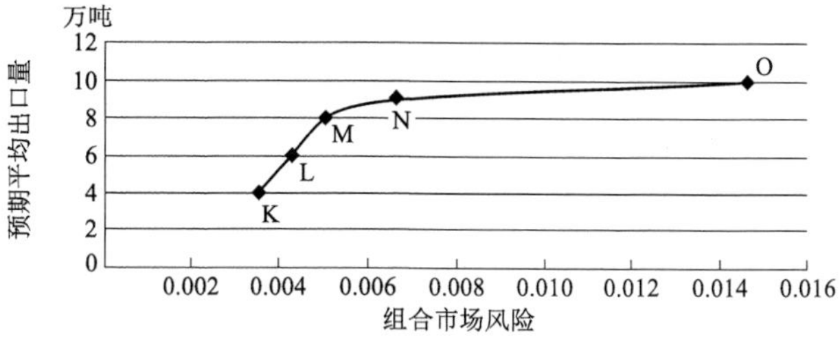

图 5-10　中国苹果在东盟六国出口市场的有效组合（上限为 1）

表 5-3　　中国苹果出口东盟六国市场的有效市场组合

（上限为历史最高份额）

有效组合点	A	B	C	D	E	份额上限/%
预期平均出口量/万吨	8.5	9	9.5	9.8	10.0	
组合风险	0.011	0.012	0.014	0.016	0.020	
马来西亚/%	12.7	10.0	2.6	0	0	12.7
菲律宾/%	22.0	22.0	22.0	22.0	12.5	22.0

续表

有效组合点	A	B	C	D	E	份额上限/%
预期平均出口量/万吨	8.5	9	9.5	9.8	10.0	
组合风险	0.011	0.012	0.014	0.016	0.020	
新加坡/%	3.4	0	0	0	0	7.0
越南/%	8.3	10.8	16.4	26.2	32.0	32.0
泰国/%	23.0	23.0	23.0	15.8	19.5	23.0
印度尼西亚/%	30.6	34.2	36.0	36.0	36.0	36.0
Hirschman 指标	21.9	24.0	25.8	27.2	28.6	—

表 5-4　　中国苹果在东盟六国的有效市场组合

（上限为历史最高份额的 2 倍）

有效组合点	F	G	H	I	J	份额上限/%
预期平均出口量/万吨	7	8	9	10	11	
组合风险	0.005 4	0.006 2	0.008	0.014 6	0.026 2	
马来西亚/%	14.1	12.1	0	0	0	25.4
菲律宾/%	44.8	44.8	44.8	32.3	4.1	44.8
新加坡/%	13.8	1.8	0	0	0	13.8
越南/%	0	0	4.8	16.1	28.7	63.8
泰国/%	9.1	18.8	20.2	0	0	46.2
印度尼西亚/%	18.2	22.6	30.2	51.6	67.2	71.6
Hirschman 指标	28.1	30.2	33.5	39.6	53.6	—

表 5-5　　中国苹果出口东盟六国市场的有效市场组合（上限为 1）

有效组合点	K	L	M	N	O	份额上限/%
预期平均出口量/万吨	4	6	8	9	10	
组合风险	0.003 5	0.004 3	0.005 1	0.006 6	0.014 6	
马来西亚/%	0	0	0	0	0	100

续表

有效组合点	K	L	M	N	O	份额上限/%
预期平均出口量/万吨	4	6	8	9	10	
组合风险	0.003 5	0.004 3	0.005 1	0.006 6	0.014 6	
菲律宾/%	13.6	39.9	66.0	60.5	32.3	100
新加坡/%	69.9	39.2	8.6	0	0	100
越南/%	0	0	0	3.5	16.1	100
泰国/%	9.6	4.6	0	0	0	100
印度尼西亚/%	6.9	16.2	25.4	36.0	51.6	100
Hirschman 指标	0.521	0.342	0.508	0.496	0.396	—

在上限为历史最高份额 1 倍的有效边界中，A 点的预期出口数量（8.5 万吨）和组合市场风险（0.011）均为最低，而 E 点的预期出口数量（10 万吨）和组合市场风险（0.020）均为最高。在 A 点对应的有效市场组合中，马来西亚、菲律宾和泰国的目标份额均为份额上限，即历史最高份额的 1 倍。原因在于，这三个市场的年均出口数量与组合市场的预期平均出口数量比较接近或者方差较小（见表 5-6）。在 E 点对应的有效市场组合中，马来西亚和新加坡的目标份额为 0，因为其平均出口数量与预期平均出口数量相比太少，分别为 3.8 万吨和 2 万吨。同时，越南和印度尼西亚的目标份额为份额上限，原因在于，尽管这两个市场的方差较大，但是其平均出口数量与预期平均出口数量最为接近。总体而言，各个市场的份额随着组合市场预期平均出口数量的变化，或者增加或者下降。

表 5-6　　中国苹果在六国市场上出口量的方差和协方差

	马来西亚	菲律宾	新加坡	越南	泰国	印度尼西亚
马来西亚	0.63					
菲律宾	0.50	1				
新加坡	0.17	0.10	0.06			

续表

	马来西亚	菲律宾	新加坡	越南	泰国	印度尼西亚
越南	1.62	1.22	0.33	9.45		
泰国	-0.19	0.07	-0.16	1.39	1.44	
印度尼西亚	-0.54	-1.48	-0.22	-0.59	1.24	5.90

数据来源：联合国 Comtrade 数据库。

在上限为历史最高份额 2 倍的有效边界中，F 点的预期出口数量（7 万吨）和组合市场风险（0.005 4）均为最低，而 J 点的预期出口数量（11 万吨）和组合市场风险（0.026 2）均为最高。在 F 点对应的有效市场组合中，菲律宾的目标份额均为份额上限，即历史最高份额的 2 倍（即 44.8%）。原因在于，菲律宾的年均出口数量（7.4 万吨）与组合市场的预期平均出口数量最为接近，同时该市场的方差也较小（见表 5-6）。而越南的目标市场份额为 0，主要原因在于其拥有所有市场中最大的方差。在 J 点对应的有效市场组合中，马来西亚、新加坡和泰国的目标份额为 0，因为其平均出口数量与预期平均出口数量相比太少，或者同时还拥有较大的方差（泰国）。同时，印度尼西亚的目标份额非常接近份额上限，原因在于，尽管这个市场的方差较大，但是其平均出口数量与预期平均出口数量最为接近。总体而言，各个市场的目标份额随着组合市场预期平均出口数量的变化，或者增加或者下降。

在上限为 1 的有效边界中，K 点的预期出口数量（4 万吨）和组合市场风险（0.003 5）均为最低，而 O 点的预期出口数量（10 万吨）和组合市场风险（0.014 6）均为最高。在 K 点对应的有效市场组合中，新加坡的目标份额均最大，为 69.9%。原因在于，菲律宾的年均出口数量（2）与组合市场的预期平均出口数量最为接近，同时该市场的方差最小（见表 5-6）。很明显，新加坡市场不可能容纳这个份额。在 O 点对应的有效市场组合中，马来西亚、新加坡和泰国的目标份额为 0，因为其平均出口数量与预期平均出口数量相比太少，或者同时还拥有较大的方差（泰国）。同时，印度尼西亚的目标份额最高。原因在于，尽管这个市场的方差较大，但是其平均出口数量与预期平均出口数量最为接近。另外，在五个有效市场组合中，印度尼西亚的份额均为0。可能的原因在于，一方面其平均出口数量较小，另一方面其方差和协方差均较大。总体而言，各个市场的目标份额随着组合市场预期平均出口数量的变化，或者增加或者下降。

综合比较三种上限标准下的有效市场组合，可以发现不同上限的设置对大部分市场的目标份额都产生了明显的影响。与样本区间内的出口份额相比，仅在上限为1的场合，可以得到一个明确的政策建议：即中国的苹果应该退出马来西亚市场。而对其他市场出口份额的增加或减少取决于政策制定者对待风险的态度。

最后，根据表5-3至表5-5中各个有效市场组合中的目标份额，可以利用Hirschman指标计算对应于不同预期出口数量的出口地理集中度。进一步地，比较各个有效市场组合和样本区间中的地理集中度（见表5-1最后一行），15个有效市场组合所对应的地理集中度的波动性更大。在三种上限场合中，上限为1倍和2倍最高历史份额时的地理集中度与组合市场风险，呈现出完全的一致性，即出口地理集中度越高，风险水平也越高。但是，在上限份额为1的场合，地理集中度最高的市场组合（K点），对应的风险水平却是最低的。原因与前一章类似，地理集中度的计算仅仅考虑各出口市场的出口份额，而不考虑各出口市场的波动风险。这再一次表明，从出口波动风险的角度来看，地理集中度并不是一个很好的度量指标。

本章小结

本章主要考虑中国苹果在东盟的6个主要出口目的国（印度尼西亚、马来西亚、新加坡、菲律宾、泰国和越南）的出口市场结构问题。将中国苹果产业视为一个整体，从出口波动风险最小化的角度，检验中国苹果在东盟 6 个国家的出口市场结构是否已经实现了最优化，并提出相应的调整建议。

2002 年中国苹果出口到东盟六国的总金额为 0.83 亿美元，2014 年为 5.04 亿美元，年平均增长率为 16.22%，略低于中国苹果全部出口金额的年平均增长率。年度出口金额增长率虽然波动较大，但是整体上表现为下降趋势。东盟六国已经成为中国苹果最重要的出口市场之一。

从加入世界贸易组织以来，中国苹果对东盟六国的出口金额占中国所有出口的比重基本上维持在 50% 左右。2003 年至 2013 年，东盟六国在中国苹果对世界出口增长过程中的贡献率维持在 52% 左右。本章关注的东盟六国都进入了 2014 年中国苹果 10 大出口市场的行列，六国共占 53.61% 的出口份额。

中国苹果在这 6 个市场的出口数量均没有呈现出明显的上升或下降趋势，因此，可以考虑最小化出口数量的总体波动风险，即应该使用以稳定出口数量为目标的出口市场组合模型求解有效市场组合和有效边界。与样本区间内的出口份额相比，仅在上限为 1 的场合，可以得到一个明确的政策建议：即中国的苹果应该退出马来西亚市场。而对其他市场出口份额的增加或减少取决于政策制定者对待风险的态度。

第六章

中国对东盟六国冻鲣鱼出口市场结构的优化

水产品是海洋和淡水渔业生产的动植物及其加工产品的统称，一般分为鱼、虾、蟹、贝四大类。由于具有低脂、高蛋白等特性，水产品越来越受到世界各地消费者的青睐。中国加入世界贸易组织以来，水产品对外贸易迅猛发展。而在中国与东盟农产品贸易的产品结构中，水产品也是一个十分重要的组成部分，特别是在中国与东盟开始实行“早期收获计划”以来，中国出口至东盟的水产品量大幅增长。总体而言，中国的水产品主要出口至东盟国家中的菲律宾、越南、新加坡、印度尼西亚、泰国和马来西亚六国。由于“早期收获计划”中关于减税的时间安排，出口至这六国的水产品数量在2006年以后开始以更快的速度增长。2008年，中国和越南之间早期收获产品的关税也下降至零，进一步促进了中国水产品在东盟六国市场出口金额的增长。到2014年，出口金额达到21亿美元，相比2000年增长了近10倍。其中，2008年以前的平均增长率只有28.64%，而2008年之后达到50.93%。本章以水产品中的冻鲣鱼（HS编码为030343，属于金枪鱼中产量最多的品种）为例，分析其在东盟的市场结构优化问题。①

---

① 鲣鱼俗称炸弹鱼，是金枪鱼类的一种，在主要的四种金枪鱼类（鲣鱼、黄鳍金枪鱼、大眼金枪鱼、长鳍金枪鱼）中产量最大。鲣鱼味道鲜美，可制成柴鱼、罐头及生鱼片等，同时鲣鱼具有非常大的药用价值，能有效保护肝脏，防止动脉硬化，有效降低人体胆固醇含量，（接下页）

考虑到部分东盟国家的经济发展阶段和市场需求以及历史出口情况，本章只考虑中国冻鲣鱼在6个主要的出口目标市场（印度尼西亚、马来西亚、泰国、新加坡、菲律宾和越南）的出口市场结构问题。另外，考虑到冻鲣鱼的价格存在一定程度的波动，同时中国出口数量有限，本章从出口数量的视角分析中国冻鲣鱼在东盟六国市场的出口特征以及出口市场结构。本章将中国冻鲣鱼产业视为一个整体，从出口波动风险最小化的角度，检验中国冻鲣鱼在东盟六个国家的出口市场结构是否已经实现了最优化，并提出相应的调整建议。

本章的主要内容安排如下：第一节介绍中国冻鲣鱼在东盟六国出口的整体情况；第二节介绍中国冻鲣鱼在东盟六国市场上的风险与相关性，也就是在六个市场上出口数量的波动性及其相互间的相关系数；第三节应用出口市场组合模型求解中国冻鲣鱼在东盟六国的有效市场组合。

第一节　中国冻鲣鱼对东盟六国的出口贸易

在2005年以前，中国冻鲣鱼对世界的年出口量不到300吨，2006年激增到963吨，之后出口量呈现波动性增长，到2014年突破了5 000吨。在这个过程中，中国对东盟六国的出口量总体趋于上升，

（接上页）因此在国际市场上十分畅销。鲣鱼分布于温带到热带的广大区域，主要在印度洋、太平洋和大西洋水温高于15摄氏度以上的水域。在所有主要贸易鱼类中，鲣鱼产量最高，大部分源自围网渔业。2004年6月19日，太平洋周边国家成立中西部太平洋渔业委员会，其宗旨是通过有效管理，确保中西部太平洋高度洄游鱼类种群的长期养护和可持续利用。中国是该委员会正式成员。中国于2000年开始在中西太平洋正式运用围网捕捞，捕捞规模逐年增大，但由于围网捕捞的许可证批准数量有限，尽管鲣鱼产量增长迅速，但同其他国家相比仍有很大差距。根据中西太平洋渔业委员会发布的最新年度报告，2014年金枪鱼捕捞中排名前五位的国家和捕捞量依次为印度尼西亚49.5万吨、日本35.8万吨、美国30.9万吨、韩国29.2万吨、菲律宾28.7万吨。中国目前的鲣鱼产量和上述国家相差较远，2014年总出口量才达到5 000吨，但增长速度较快。

而六国也是中国冻鲣鱼出口贸易的最主要目标市场。

一、中国冻鲣鱼在东盟六国市场的出口增长率

2000 年中国冻鲣鱼出口到东盟六国的数量仅为 75 吨，到 2014 年激增为 4 240 吨，年平均增长率为 33.4%，略低于中国冻鲣鱼全部出口金额的年平均增长率（34.6%）。尽管年均速度很快，但年度出口增长率波动性非常大，有 5 个年份出现了负增长，同时，最高增长率为 2006 年的 1 082.9%，最低时为 2008 年的 -47.9%（见图 6-1）。

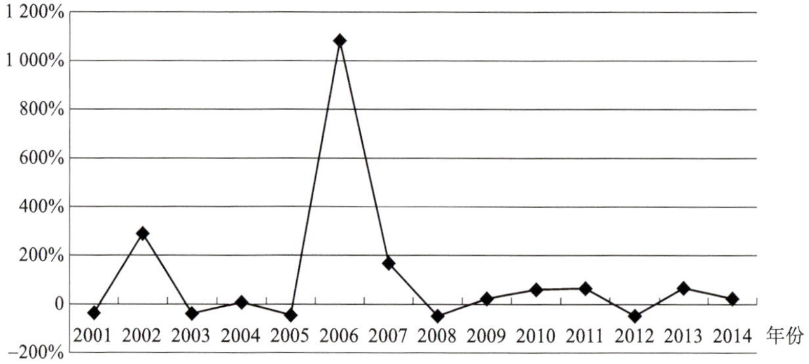

图 6-1　2001—2014 年中国冻鲣鱼在东盟六国市场的出口增长率

数据来源：联合国 Comtrade 数据库。

从国别情况来看，泰国、菲律宾和印度尼西亚三个国家对中国冻鲣鱼的进口量相对较大，而另外三个国家的进口量相对较小（见图 6-2）。其中，新加坡进口量最小，历年都没有超过 100 吨。进口量较大的国家中菲律宾一直以较高的速度增长，在 2014 年超过泰国成为东盟各国中从中国进口冻鲣鱼最多的国家。印度尼西亚和泰国进口量波动较大，特别是印度尼西亚，其进口量在 2008 年至 2011 年高速增长，超过菲律宾成为东盟第二大进口国，随后其进口量大幅下降。

泰国一直在中国冻鲣鱼出口市场中占有重要地位。从 2000 年开始，泰国和印度尼西亚就作为中国出口冻鲣鱼的主要地区，随后其份额不断增大，在 2008 年达到高峰的 82%。2008 年之后，菲律宾进口量不断增长，泰国所占份额不断减少。至 2014 年，泰国从中国的进口占比仍然高达 44%，加上菲律宾的进口量，两国占中国出口东盟六国总量的 95%。

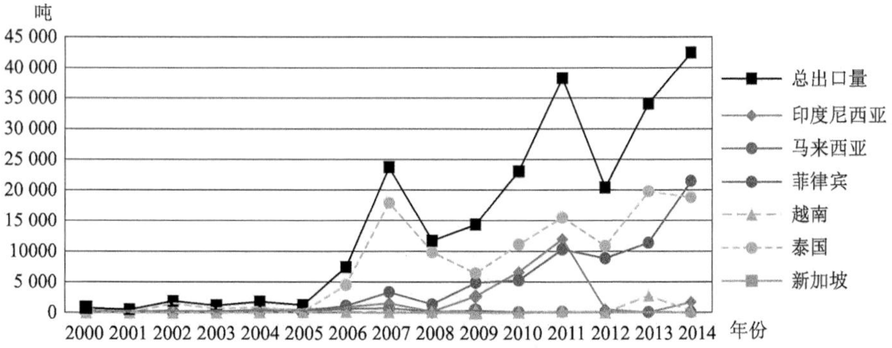

图 6-2 2000—2014 年中国冻鲣鱼在东盟六国的出口数量

数据来源：联合国 Comtrade 数据库。

二、东盟六国市场在中国冻鲣鱼出口增长中的贡献率

东盟六国市场在中国冻鲣鱼出口市场中的重要性，在以下两个方面表现得非常清楚。

首先，2000 年至 2014 年，中国冻鲣鱼对东盟六国的出口数量占中国所有出口数量的比重，在 8 个年份中均超过 90%，平均比重为 83%（见图 6-3）。其中，2008 年的比重最高，达到 99.3%；2005 年的比重最低，为 28%。尽管东盟六国市场的比重存在一定程度的波动性，但是 2006 年以后的比重一直稳定在 90% 左右，因此，六国市场对中国冻鲣鱼的出口稳定至关重要。

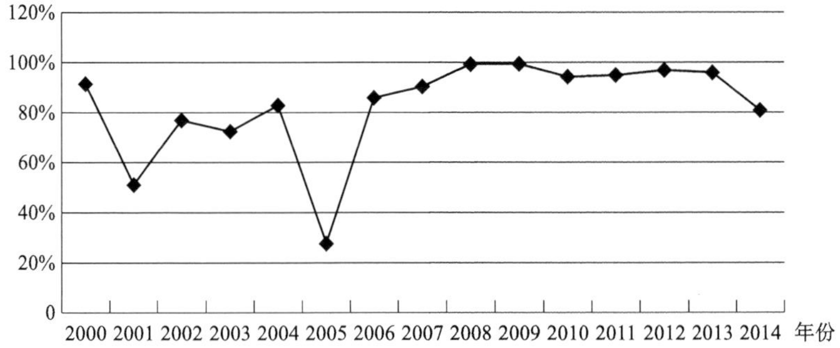

图 6-3　2000—2014 年东盟六国市场在中国冻鲣鱼出口市场中的比重

数据来源：联合国 Comtrade 数据库。

其次，从贡献率的角度，东盟六国市场的重要性也不言而喻。2001 年至 2014 年（暂不考虑 2004 年），东盟六国市场在中国冻鲣鱼对世界出口增长过程中的平均贡献率为 54%。年度贡献率除了在 2001 年和 2005 年为负值外，其他大部分年份都超过 80%（见图 6-4），2014 年的下降幅度较大，降至 49%。需要强调的是，在 2004 年，中国对整个世界的冻鲣鱼出口数量与前一年相比减少 8 吨，而对东盟市场的出口却增加了 10 吨。

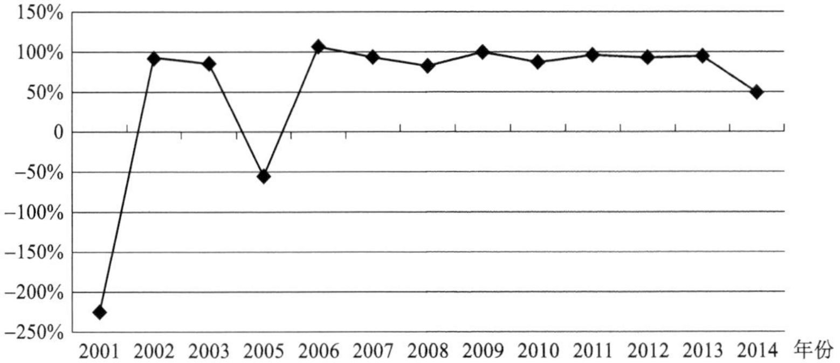

图 6-4　2001—2014 年（不含 2004 年）东盟六国市场对中国冻鲣鱼出口增长的贡献率

数据来源：联合国 Comtrade 数据库。

第二节　中国冻鲣鱼在东盟六国市场中的风险与相关性

由于早期收获计划在东盟各国中实施的降税时间不完全相同，为了排除降税过程中不同年份的不同税率造成的波动影响，以便于更准确地观察中国冻鲣鱼在东盟六国市场上的风险，本节将对越南的观测时间定在 2008 年至 2014 年，其他五国的观测时间定在 2006 年至 2014 年。①

首先，中国冻鲣鱼在 6 个市场上的出口数量增长率（见图 6–5）差异较大。马来西亚和新加坡两个市场的年均增长率为负数，分别为–31%和–7%。另外四个市场的增长率虽然都为正数，但是差异很大。其中，菲律宾的年均增长率最高，为 45%，越南的增长率最低，为 5%。在年度增长率方面，有一些国家的某些年份增长率过高，出现了极端值，例如印度尼西亚在 2009 年增长率达到 1 340%，越南在 2013 年增长率达到 10 184%。但是，大多数年度增长率数据在 –100% ~ 100% 内。为了更好地显示其波动幅度，此处将超过 300%

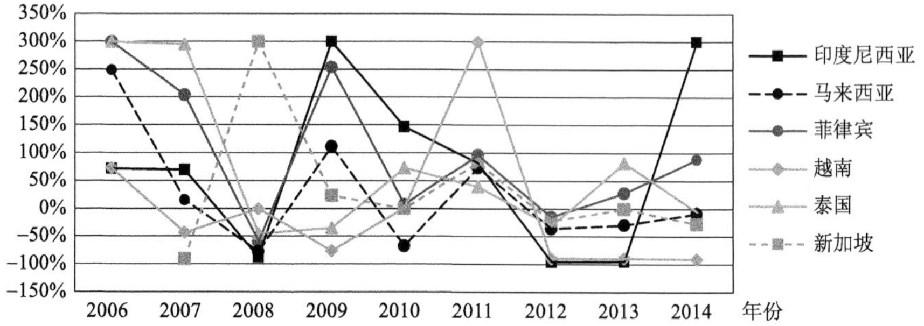

图 6–5　2006—2014 年中国对东盟六国冻鲣鱼出口增长率

数据来源：联合国 Comtrade 数据库。

① 2003 年 7 月 1 日，中国与东盟各国之间的冻鲣鱼关税税率超过 15%。

的数据全部定为 300%。进一步地，中国对东盟六国冻鲣鱼的出口增长率有以下三个特征：（1）增长率非常不稳定，甚至多次出现极端值；（2）正负向的增长经常交替出现；（3）增长率的绝对值普遍较高，有几乎一半的绝对值在 50% 以上。以上特征意味着中国对东盟六国冻鲣鱼出口量增长率的波动幅度非常大，降低市场波动风险具有重大的现实意义。

其次，中国冻鲣鱼出口市场的地理集中度比较高且总体上趋于稳定。根据 Hirschman 指标计算的地理集中度总体上围绕 0.67 的均值波动，最低时为 2011 年的 0.579，最高时为 2008 年的 0.851（见表 6-1 最后一行）。具体而言，中国冻鲣鱼的出口贸易主要集中于泰国和菲律宾两个市场，这两个市场的份额之和最低时也超过 67%，2012 年的份额之和达到最高，为 96.4%。马来西亚、越南和新加坡三个市场上的出口份额均比较低，除了 2006 年以外，这三个市场的份额之和都不超过 10%。其中，新加坡的平均份额最小，为 0.2%。

表 6-1　2006—2014 年中国冻鲣鱼在东盟六国市场上的出口份额

市场＼年份	2006	2007	2008	2009	2010	2011	2012	2013	2014	最高份额
印度尼西亚/%	11.01	6.52	1.59	18.64	28.53	31.29	2.68	0.09	4.1	31.29
菲律宾/%	13.35	14.16	11.77	33.99	22.71	26.89	43.3	33.3	50.62	50.62
泰国/%	54.92	75.86	84.24	44.70	48.08	40.57	53.13	58.1	44.39	84.24
马来西亚/%	17.97	3.01	1.34	2.31	0.46	0.48	0.58	0.3	0.18	17.97
越南/%	2.17	0.43	0.88	0.17	0.11	0.64	0.13	8.1	0.65	8.14
新加坡/%	0.58	0.02	0.18	0.18	0.11	0.12	0.18	0.1	0.06	0.58
Hirschman 指标	0.604	0.775	0.851	0.592	0.603	0.579	0.686	0.675	0.675	0.604

数据来源：联合国 Comtrade 数据库。

最后，在6个市场上出口增长率之间的相关系数具有较大的差异性。其中，对马来西亚和菲律宾的出口增长率之间的相关系数最大，为0.898；对印度尼西亚和越南的出口增长率之间的相关系数最小，为-0.482（见表6-2）。并且，共有5对市场的出口增长率之间的相关系数为负数。这意味着通过有效的市场多元化管理可以有效地降低中国冻鲣鱼在出口中面临的非系统性风险，但不能完全消除。

表6-2　　中国冻鲣鱼在6个市场出口增长率之间的相关系数

	菲律宾	印度尼西亚	马来西亚	泰国	新加坡	越南
菲律宾	1					
印度尼西亚	0.71	1				
马来西亚	0.898	0.461	1			
泰国	-0.470	-0.355	-0.455	1		
新加坡	0.382	0.053	0.663	0.202	1	
越南	-0.162	-0.482	0.093	0.717	0.631	1

数据来源：联合国 Comtrade 数据库。

第三节　中国冻鲣鱼出口市场的有效组合

本节仅考虑中国冻鲣鱼在前文所述6个市场上的有效组合。中国冻鲣鱼在这6个市场上的出口总数量呈现出明显的上升趋势，并且在每个市场上的出口数量均呈现出上升或下降趋势。因此，可以考虑最小化中国冻鲣鱼出口数量增长率的总体波动风险，即应该使用以稳定出口增长率为目标的出口市场组合模型求解有效市场组合和有效边界。为了使下面的经验分析具有典型意义，此处选择的出口增长率样本区间为2006

年至 2014 年（越南为 2008 年至 2014 年），因为在此期间中国冻鲣鱼在 6 个市场上的出口数量增长率均至少经历了一个完整的波动周期。

为了使中国冻鲣鱼出口市场的有效组合更具有现实意义，此处对中国冻鲣鱼在 6 个市场的出口份额分别设定上限和下限。所有市场的出口份额下限为 0，而上限则不相同。为了减少设定上限的主观性，此处选择四种不同的设定标准：其一，每个地区市场的份额上限均为 1，实质上相当于没有设定上限。其二，每个市场的份额上限为样本区间内历史最高份额的 1 倍。其三，每个市场的份额上限为样本区间内历史最高份额的 2 倍。其四，采用差别上限，即为六个国家设定四种不同的上限。第一种为无上限，即以 100% 为上限。考虑到泰国的历史最高份额曾达到 84.24%，再加上其位于冻鲣鱼贸易集散中心的地理位置，故将其归为此类。另外，菲律宾的份额逐年增长，到 2014 年已超过 50%，增长趋势明显，也将其归为此类。第二种以样本区间内的历史最高份额为潜在最大值。比如，马来西亚和越南进口份额的最大值较为极端，在大部分年份中的份额并不大，因此以排除极端值后的最大值作为潜在最大值。第三种以样本区间内历史最高份额的 2 倍为潜在最大值。比如，印度尼西亚的进口份额波动较大，根据其波动趋势似乎还有一定的上涨空间，因此将其归为此类。第四种以样本区间历史最高份额的 3 倍为潜在最大值。比如，新加坡的年度进口份额一直都比较小，基于其较高的经济发展阶段，此处考虑以 3 倍历史最高份额的标准来设置潜在最大值。

图 6-6 至图 6-9 显示的是，根据上述四种上限标准分别得到的中国冻鲣鱼出口市场的有效边界。从总体上看，有效边界的形状表明要获得更高的预期平均出口增长率，就必须承担更高的波动风险。有效边界上的每一个点都表明在既定的预期出口增长率下的出口波动风险最小，并且这些点代表了不同的有效市场组合（见表 6-3 至表

6-6)。在每个市场组合中，每个市场的份额取决于该市场的平均出口增长率、出口增长率的方差以及与其他市场平均出口增长率之间的协方差。

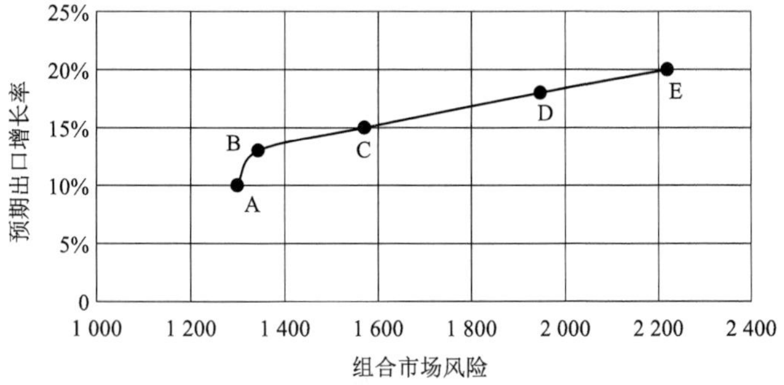

图 6-6　中国冻鲣鱼出口市场的有效边界（上限为历史最高份额的 1 倍）

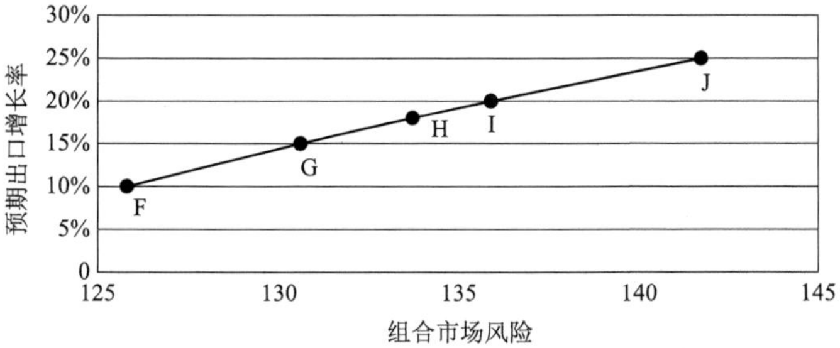

图 6-7　中国冻鲣鱼出口市场的有效边界（上限为历史最高份额的 2 倍）

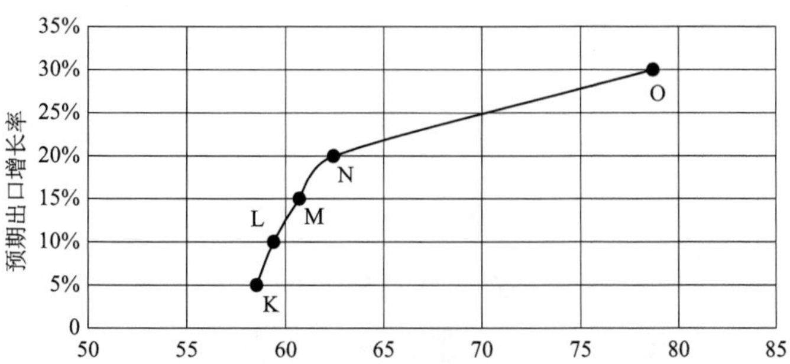

图 6-8　中国冻鲣鱼出口市场的有效边界（上限为 1）

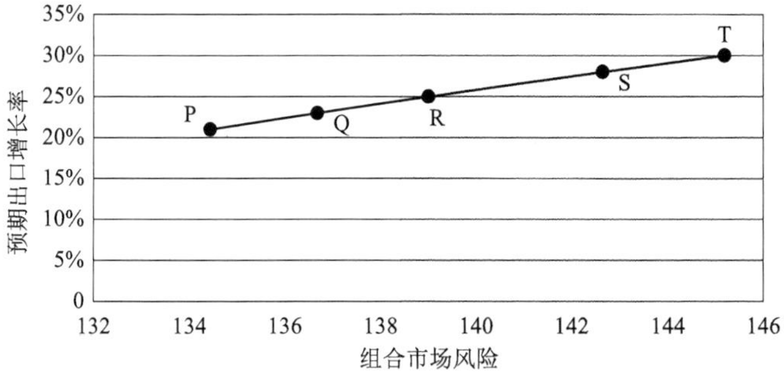

图 6-9　中国冻鲣鱼出口市场的有效边界（差别上限标准）

表 6-3　　中国冻鲣鱼在东盟六国市场的有效市场组合

（上限为历史最高份额的 1 倍）

有效组合点	A	B	C	D	E	份额上限/%
预期增长率/%	10	13	15	18	20	
组合市场风险	1 298. 8	1 343. 476	1 570. 509	1 945. 904	2 219. 397	
印度尼西亚/%	0	0	0	0	0	31. 3
菲律宾/%	47. 3	50. 6	50. 6	50. 6	50. 6	50. 6
泰国/%	34. 2	33. 9	36. 9	41. 0	43. 8	84. 2
马来西亚/%	18. 0	14. 9	11. 9	8. 0	5. 0	18. 0
越南/%	0	0	0	0	0	8. 1
新加坡/%	0. 6	0. 6	0. 6	0. 6	0. 6	0. 6
Hirschman 指标	0. 611	0. 627	0. 637	0. 686	0. 671	—

表 6-4　　中国冻鲣鱼在东盟六国市场的有效市场组合

（上限为历史最高份额的 2 倍）

有效组合点	F	G	H	I	J	份额上限/%
预期增长率/%	10	15	18	20	25	
组合市场风险	125. 80	130. 59	133. 71	135. 90	141. 73	
印度尼西亚/%	0	0	0	0	0	62. 6

续表

有效组合点	F	G	H	I	J	份额上限/%
预期增长率/%	10	15	18	20	25	
组合市场风险	125.80	130.59	133.71	135.90	141.73	
菲律宾/%	70.5	75.7	78.7	80.5	84.9	100
泰国/%	0	0	0	0	0	100
马来西亚/%	28.3	23.1	20.2	18.3	13.9	35.9
越南/%	0	0	0	0	0	16.3
新加坡/%	1.2	1.2	1.2	1.2	1.2	1.2
Hirschman 指标	0.760	0.792	0.813	0.826	0.86	—

表 6-5　中国冻鲣鱼在东盟六国市场的有效市场组合（上限为 1）

有效组合点	K	L	M	N	O	份额上限/%
预期增长率/%	5	10	15	20	30	
组合市场风险	58.526	59.391	60.694	62.434	78.698	
印度尼西亚/%	0	0	0	0	0	100
菲律宾/%	50.6	56.5	61.9	66.9	79.4	100
泰国/%	0	0	0	0	0	100
马来西亚/%	19.3	13.8	8.8	4.2	0	100
越南/%	0	0	0	0	0	100
新加坡/%	30.1	29.6	29.3	28.9	20.6	100
Hirschman 指标	0.620	0.653	0.690	0.730	0.820	—

表 6-6　中国冻鲣鱼在东盟六国市场的有效市场组合（差别上限标准）

有效组合点	P	Q	R	S	T	份额上限/%
预期增长率/%	21	23	25	28	30	
组合市场风险	134.43	136.67	139.00	142.65	145.18	
印度尼西亚/%	0	0	0	0	0	62.6

续表

有效组合点	P	Q	R	S	T	份额上限/%
预期增长率/%	21	23	25	28	30	
组合市场风险	134.43	136.67	139.00	142.65	145.18	
菲律宾/%	81.1	82.9	84.6	87.1	88.7	100
泰国/%	0	0	0	0	0	100
马来西亚/%	17.1	15.4	13.6	11.2	9.6	18.0
越南/%	0	0	0	0	0	8.1
新加坡/%	1.7	1.7	1.7	1.7	1.7	1.7
Hirschman 指标	0.829	0.843	0.857	0.878	0.892	—

在上限为历史最高份额的场合，有效边界中 A 点的预期出口增长率（10%）和组合市场风险（1 298.8）均为最低，而 E 点的预期出口金额增长率（20%）和组合市场风险（2 219.397）均为最高。在 5 个代表性有效组合点中，印度尼西亚和越南的出口份额都为 0，其原因在于：这两个市场的方差和协方差太大（见表 6-7），远高于其他四个市场。同时，菲律宾的目标市场份额仅在 A 点为 47.3%，在其他有效组合中均为最高历史份额，其原因在于菲律宾市场上的年均出口增长率较高（45%），同时，方差和协方差相对较小，而另外两个市场（马来西亚和新加坡）上的年均出口增长率均为负数。并且，也正是因为菲律宾的年均增长率相对于预期增长率太高，导致马来西亚和新加坡这两个市场的年均增长率虽然为负数，但其市场份额也不为零。

表 6-7　中国冻鲣鱼在东盟六国市场上出口增长率的方差和协方差

	印度尼西亚	菲律宾	泰国	马来西亚	越南	新加坡
印度尼西亚	383.04					

续表

	印度尼西亚	菲律宾	泰国	马来西亚	越南	新加坡
菲律宾	1.65	1.77				
泰国	-25.89	7.09	77.50			
马来西亚	-0.66	1.12	6.520	1.09		
越南	-114.82	-8.54	-28.89	-5.53	1 143.54	
新加坡	-5.80	-0.67	-0.70	-0.24	-4.62	1.962

在其他场合，不同上限标准的设定主要影响预期增长率的取值范围及其对应的风险水平，而对各市场的目标份额没有产生根本性影响。比如，在上限为历史最高份额2倍的场合，有效边界中F点的预期出口增长率（10%）和组合市场风险（125.8）均为最低，而J点的预期出口金额增长率（25%）和组合市场风险（141.73）均为最高。在上限为1的场合，有效边界中K点的预期出口增长率（5%）和组合市场风险（58.526）均为最低，而O点的预期出口金额增长率（30%）和组合市场风险（78.698）均为最高。在为各国设定差别上限标准的场合，有效边界中P点的预期出口增长率（21%）和组合市场风险（134.43）均为最低，而T点的预期出口金额增长率（30%）和组合市场风险（145.18）均为最高。

在后三种上限标准的场合各国市场的目标份额大同小异：5个代表性有效组合点中，印度尼西亚、泰国和越南的目标份额都为0，其原因在于：这三个市场的方差和协方差太大，远高于其他三个市场。同时，菲律宾的目标市场份额一般都会超过50%。其原因在于，菲律宾市场上的年均出口增长率较高（45%），方差和协方差相对较小，而另外两个市场（马来西亚和新加坡）的年均出口增长率均为负数。并且，也正是因为菲律宾的年均出口增长率相对于预期增长率太高，导致马来西亚和新加坡这两个市场的年均增长率虽然为负数，但其市场份额也不为零。

进一步地看，比较四个上限标准下的所有有效市场组合与样本区间内的出口份额，无论政策制定者偏好哪一种有效市场组合，都仍然可以得到两个明确的政策建议：其一，中国的冻鲣鱼应该退出印度尼西亚和越南市场；其二，中国的冻鲣鱼应该增加对菲律宾和新加坡两个市场的出口份额。而对其他市场出口份额的调整方向，一方面取决于政策决定者对各市场上限的理解，另一方面也取决于政策制定者对待风险的态度。

最后，根据表 6-3 至表 6-6 中各个有效市场组合中的目标份额，可以利用 Hirschman 指标计算对应于不同预期出口数量的出口地理集中度。比较各个有效市场组合和样本区间中的地理集中度（见表 6-1 最后一行），会发现其波动幅度都较大。有趣的是，在本章所选的四种上限场合中，地理集中度与组合市场风险，总体上均呈现出较强的正相关性（仅有两个市场组合点即 D 和 E 对应的风险和地理集中度存在逆反），即出口地理集中度越高，风险水平也越高。这说明地理集中度是一个较好的衡量市场风险的指标吗？当然没有。前面几章已经予以解释，地理集中度的计算仅仅考虑各出口市场的出口份额，而不考虑各出口市场的波动风险。所以地理集中度的高低并不必然影响市场风险。那么，本章中二者为什么表现出较强的一致性呢？原因在于，在冻鲣鱼的出口市场中，印度尼西亚、泰国和越南的方差和协方差均太大，在多个有效市场组合中都成为了应该退出的市场，而在剩下的三个市场中，马来西亚和新加坡的增长率均为负值，使得菲律宾成为了所有市场组合中的理想市场。随着预期增长率的增加，这个理想市场的份额也越来越大，同时，比菲律宾风险更大的新加坡的份额在所有市场组合中基本不变，而比菲律宾方差更小的马来西亚的份额却越来越小，于是市场组合的风险也就不可避免地增加，同时出口地理集中度也增加了。

本章小结

本章主要考虑中国冻鲣鱼在主要的6个出口目标市场（印度尼西亚、马来西亚、泰国、新加坡、菲律宾和越南）的出口市场结构问题。考虑到冻鲣鱼的价格存在一定程度的波动，同时中国出口的冻鲣鱼数量有限，本章从出口数量的视角分析中国冻鲣鱼在东盟六国市场的出口特征以及出口市场结构。本章将中国冻鲣鱼产业视为一个整体，从出口波动风险最小化的角度，检验中国冻鲣鱼在东盟6个国家的出口市场结构是否已经实现了最优化，并提出相应的调整建议。

中国对东盟六国的冻鲣鱼出口量总体趋于上升，而六国也是中国冻鲣鱼出口贸易的最主要目标市场。2000年中国冻鲣鱼出口到东盟六国的数量仅为75吨，到2014年激增为4 240吨，年平均增长率为33.4%，略低于中国冻鲣鱼全部出口金额的年平均增长率（34.6%）。尽管年均速度很快，但年度出口增长率波动非常大，有5个年份出现了负的增长。

中国冻鲣鱼在6个市场上的出口数量增长率差异较大。马来西亚和新加坡两个市场的年均增长率为负数，分别为-31%和-7%。另外四个市场的增长率虽然都为正数，但是差异很大。其中，菲律宾的年均增长率最高为45%，越南的增长率最低为5%。

中国冻鲣鱼在这6个市场上的出口总数量呈现出明显的上升趋势，并且在每个市场上的出口数量均呈现出上升或下降趋势。因此，可以考虑最小化中国冻鲣鱼出口数量增长率的总体波动风险，即应该使用以稳定出口增长率为目标的出口市场组合模型求解有效市场组合和有效边界。比较所有的有效市场组合与样本区间内的出口份额，无论政策制定者偏好哪一种有效市场组合，都仍然可以得到两个明确的政策建议：其一，中国的冻鲣鱼应该退出印度尼西亚和越南市场；其二，中国的冻鲣鱼应该增加对菲律宾和新加坡两个市场的出口份额。而对其他市场出口份额的调整方向，一方面取决于政策决定者对各市场上限的理解，另一方面也取决于政策制定者对待风险的态度。

第七章

中国对东盟七国马铃薯出口市场结构的优化

中国是世界第一大蔬菜生产国和消费国。蔬菜种植已经成为中国种植业中的第二大产业，仅次于粮食产业，产量远高于水果、油料、棉花和烟草等其他农作物。中国海关按出口蔬菜产品的加工程度将其分为鲜冷冻蔬菜、加工保藏蔬菜、干蔬菜和种子等类别。在中国农产品贸易中，蔬菜贸易也占据着重要地位。2014 年，中国的蔬菜出口额为世界第一，蔬菜进口额排名世界第六。中国出口的鲜冷冻蔬菜主要是大蒜、胡萝卜及萝卜、洋葱和马铃薯等；出口的加工保藏蔬菜主要是番茄酱罐头、姜、小白蘑菇、竹笋和芦笋罐头等；出口的干蔬菜产品主要是蘑菇、木耳、脱水大蒜和干辣椒等。2014 年，中国对东盟的蔬菜出口额占总出口额的 35%，后者成为中国蔬菜的第一大出口市场。本章以蔬菜中的马铃薯（HS 编码 0701）为例，①分析其在东盟的

---

① 在马铃薯的 HS 编码中，鲜冷藏马铃薯占据着中国的主要出口市场，其下又分为两类：鲜冷藏马铃薯种子，除种子以外的鲜冷藏马铃薯。其他门类的马铃薯每年仅少量销往有限的市场，如生蒸煮的冻马铃薯，未深加工的干马铃薯，已冻的深加工马铃薯，未冻的深加工马铃薯。在部分国家，马铃薯被当作粮食。本章采用中国海关税则，将其归为蔬菜。马铃薯具有丰富的淀粉含量，目前已经成为全球仅次于小麦、水稻和玉米的第四大粮食作物。根据 2014 年 FAOSTTA 的统计数据，世界上马铃薯总产量占前 4 位的国家分别是中国、俄罗斯、印度和美国。中国马铃薯的生产主要集中在西部地区，全国 20 多个省份种植马铃薯。马铃薯种植面积和产量最大的十个省份中，有九个为西部省份（如甘肃、内蒙古、贵州等）。马铃薯产业吸纳了近 5 000 万农村劳动力和 200 万城镇人员就业，已成为许多西部贫困和边远山区农业发展的支柱产业。2014 年，中国马铃薯的种植面积接近 600 万公顷，产量超过 10 亿吨。

出口市场结构优化问题。

考虑到部分东盟国家的经济发展阶段和市场需求以及历史出口情况，本章主要考虑中国马铃薯在东盟的 7 个主要出口目标市场（印度尼西亚、马来西亚、泰国、新加坡、菲律宾、文莱和越南）的出口市场结构问题。本章将中国马铃薯产业视为一个整体，从出口波动风险最小化的角度，检验中国马铃薯在东盟 7 个国家的出口市场结构是否已经实现了最优化，并提出相应的调整建议。

本章的主要内容安排如下：第一节介绍中国马铃薯在东盟七国出口的整体情况；第二节介绍中国马铃薯在东盟七国市场上的风险与相关性，也就是在 7 个市场上出口数量增长率的波动性及其相互间的相关系数；第三节应用出口市场组合模型求解中国马铃薯在东盟七国的有效市场组合。

第一节　中国马铃薯对东盟七国的出口贸易

中国马铃薯主要出口至亚洲和非洲地区的发展中国家，也有少部分马铃薯出口至欧洲及美洲。2000 年，中国马铃薯对世界的出口金额仅为 490 万美元，2009 年第一次突破 1 亿美元，2014 年又增长到 2.72 亿美元。其中，无论是从出口金额还是出口数量的角度，东盟都是中国马铃薯最重要的出口目标市场。

一、中国马铃薯在东盟七国市场的出口增长率

2000 年，中国马铃薯出口到东盟七国的数量仅为 2.8 万吨，出口金额为 300 万美元。2011 年对东盟的出口金额首次突破 1 亿美元，虽然 2012 年和 2013 年有所下降，但到 2014 年又增长到 23.8 万吨，出口

金额为 1.38 亿美元，出口金额的年均增长率为 31.5%。尽管年均速度很快，但年度出口增长率波动非常大，有 2 个年份出现了负增长（见图 7-1）。同时，最高增长率为 2001 年的 95.6%，最低为 2012 年的 -27.4%。

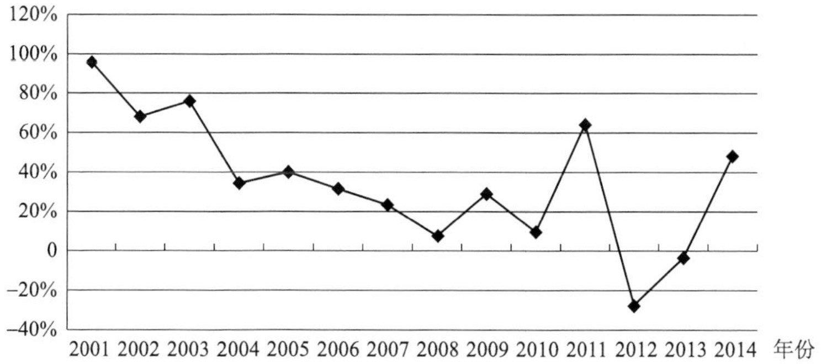

图 7-1　2001—2014 年中国对东盟七国的出口金额增长率

数据来源：联合国 Comtrade 数据库。

二、东盟七国市场在中国马铃薯出口中的重要性

东盟七国市场在中国马铃薯出口市场中的重要性，在以下两个方面表现得非常清楚。

首先，2000 年至 2014 年，中国马铃薯对东盟七国的出口金额占中国所有出口金额的比重，在所有的年份中均超过 50%，平均比重为 69%（见图 7-2）。其中，2004 年的比重最高，达到 78.1%，2014 年的比重最低，为 50.8%。尽管东盟七国市场的比重存在一定程度的波动性，但是在大部分年份中，一直在 60% 至 80% 的区间内波动。因此，七国市场对中国马铃薯的出口稳定至关重要。

其次，从贡献率的角度来看，东盟七国市场的重要性也不言而喻。2001 年至 2014 年（暂不考虑 2010 年），东盟七国市场在中国马铃薯对世界出口增长过程中的平均贡献率为 91.2%。其中，年度贡献率在

2008 年出现了一个极端值，也是最高值，为 359%（见图 7-3）。这一年，中国对东盟七国的出口额增加了 402 万美元，而对世界出口仅增加了 112 万美元。最小贡献率出现在 2014 年，为 31.1%。需要强调的是，在 2010 年，中国对整个世界的马铃薯出口金额与前一年相比减少 796 万美元，而对东盟七国市场的出口却增加了 711 万美元。

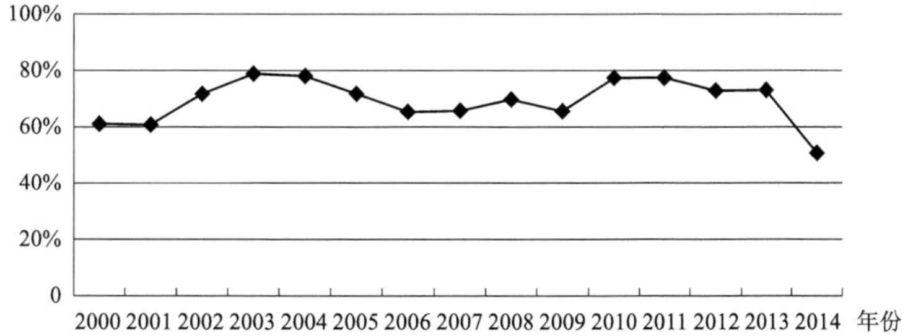

图 7-2　2000—2014 年东盟七国市场占中国马铃薯出口金额的比重

数据来源：联合国 Comtrade 数据库。

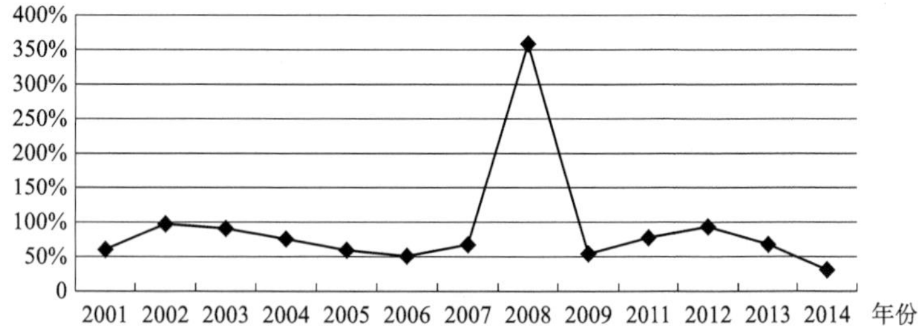

图 7-3　2001—2014 年（不包含 2010 年）东盟七国在中国马铃薯出口增长中的贡献率

数据来源：联合国 Comtrade 数据库。

第二节　中国马铃薯在东盟七国市场中的风险与相关性

由于早期收获计划在东盟各国中实施的降税时间不完全相同，为了排除降税过程中不同年份的不同税率造成的波动影响，以便于更准确地观察中国马铃薯在东盟七国市场上的风险，本节将对越南的观测时间定在 2008 年至 2014 年，对文莱的观测时间定在 2006 年至 2014 年，其他五国的观测时间定在 2005 年至 2014 年。① 同时，为了排除价格波动对总出口量的影响，本节只关注中国马铃薯在东盟七国市场上基于出口数量视角的风险与相关性。

首先，中国马铃薯在 7 个市场上的出口数量增长率差异较大。2005 年，中国在 5 个市场上的总出口数量为 9.4 万吨，至 2014 年在 7 个市场上的总出口数量为 23.8 万吨。除了越南外，在其他市场上的总出口数量都呈现出上升趋势。但是每个市场上的年度出口增长率都至少出现过一次负值（见图 7-4）。特别是，印度尼西亚和菲律宾两个市场的波动非常剧烈（见图 7-5）。在印度尼西亚市场上，中国马铃薯年度增长率的最高值高达 3 587%，最低值为-94.1%。在菲律宾市场上，最高值为 1 714%，最低值为-86%。以上特征意味着中国对东盟七国马铃薯出口量增长率的波动幅度非常大，降低市场波动风险具有重大的现实意义。

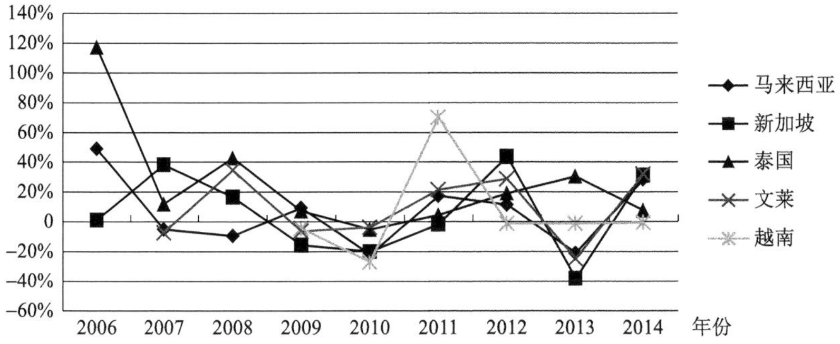

图 7-4　2006—2014 年中国马铃薯在东盟五国市场上的出口数量增长率

数据来源：联合国 Comtrade 数据库。

① 2003 年 7 月 1 日，除文莱和越南外，中国与另外五国（均为世界贸易组织成员）的马铃薯关税税率均没有超过 15%。

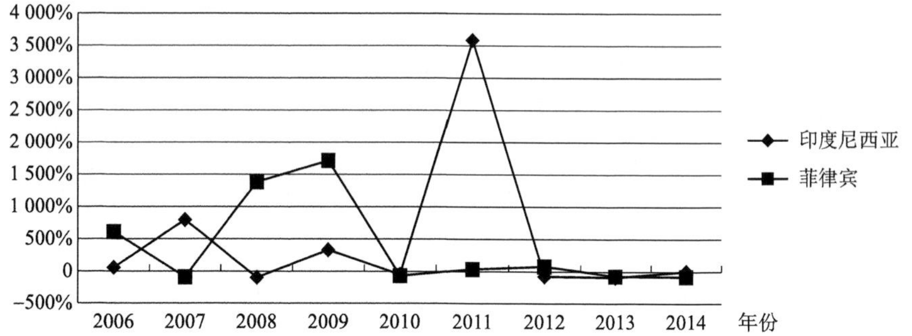

图 7-5　2006—2014 年中国马铃薯在菲律宾和印度尼西亚市场上的出口数量增长率

数据来源：联合国 Comtrade 数据库。

其次，中国马铃薯在东盟七国市场上的地理集中度总体上趋于稳定。根据 Hirschman 指标计算的地理集中度总体上围绕 0.608 的均值波动，最低时为 2011 年的 0.54，最高时为 2014 年的 0.665（见表 7-1 最后一行）。地理集中度总的变化趋势为，先下降至 2011 年的最低点，然后一直上升。具体而言，中国马铃薯的出口贸易主要集中于马来西亚和越南两个市场，这两个市场的份额之和最低时也超过 76%，2006 年的份额之和达到最高，为 89%。菲律宾和文莱两个市场的出口份额均比较低，两个市场的年度份额均没有超过 3.2%。

表 7-1　　2005—2014 年中国马铃薯在东盟七国市场上的份额

份额＼年份	2005	2006	2007	2008	2009	2010	2011	2012	2013	2014
马来西亚/%	51.2	56.6	52.7	48.5	50.0	51.2	39.1	44.6	42.1	63.4
新加坡/%	8.0	6.0	8.1	9.6	7.7	8.1	5.2	7.6	5.6	8.6
泰国/%	2.4	3.9	4.3	6.2	6.3	7.8	5.3	6.5	10.1	12.7
文莱/%	0.9	0.7	0.6	0.9	0.8	1.0	0.8	1.0	0.9	1.4
越南/%	37.1	32.3	30.6	34.5	31.2	29.8	33.1	33.5	39.7	12.7
印度尼西亚/%	0.4	0.4	3.7	0.2	0.9	0.6	15.2	4.4	0.7	0.8

续表

份额＼年份	2005	2006	2007	2008	2009	2010	2011	2012	2013	2014
菲律宾/%	0	0. 1	0	0. 2	3. 2	1. 5	1. 3	2. 5	0. 9	0. 3
Hirschman 指标	0. 638	0. 656	0. 617	0. 606	0. 599	0. 603	0. 540	0. 569	0. 590	0. 665

数据来源：联合国 Comtrade 数据库。

最后，在 7 个市场上出口增长率之间的相关系数具有较大的差异性。其中，对文莱和新加坡的出口增长率之间的相关系数最大，为 0. 927；对文莱和菲律宾的出口增长率之间的相关系数最小，为-0. 259（见表 7-2）。并且，共有 9 对市场的出口增长率之间的相关系数为负数。这意味着通过有效的市场多元化管理可以有效地降低中国马铃薯在出口中面临的非系统性风险，但不能完全消除。

表 7-2　　中国马铃薯在 7 个市场出口增长率之间的相关系数

	菲律宾	马来西亚	泰国	文莱	新加坡	印度尼西亚	越南
菲律宾	1						
马来西亚	0. 162	1					
泰国	-0. 124	-0. 155	1				
文莱	-0. 259	0. 829	-0. 282	1			
新加坡	-0. 190	0. 748	-0. 056	0. 927	1		
印度尼西亚	-0. 057	0. 350	-0. 270	0. 278	-0. 041	1	
越南	-0. 108	0. 474	-0. 007	0. 354	0. 090	0. 950	1

数据来源：联合国 Comtrade 数据库。

第三节 中国马铃薯出口市场的有效组合

本节仅考虑中国马铃薯在本章前文所述 7 个市场上的有效组合。中国马铃薯在这 7 个市场上的出口总量呈现出明显的上升趋势，并且在每个市场上的出口数量均呈现出上升或下降趋势。因此，可以考虑最小化中国马铃薯出口数量增长率的总体波动风险，即应该使用以稳定出口增长率为目标的出口市场组合模型求解有效市场组合和有效边界。为了使下面的经验分析具有典型意义，此处选择的出口增长率样本区间为 2006 年至 2014 年（越南为 2008 年至 2014 年）：在此期间，中国马铃薯在 7 个市场上的出口数量增长率均至少经历了一个完整的波动周期。

为了使中国马铃薯出口市场的有效组合更具有现实意义，此处对中国马铃薯在 7 个市场的出口份额分别设定上限和下限。所有市场的出口份额下限为 0，而上限则不相同。为了减少设定上限的主观性，此处选择四种不同的设定标准：其一，每个地区市场的份额上限均为 1，实质上相当于没有设定上限。其二，每个市场的份额上限为样本区间内历史最高份额的 1 倍。其三，每个市场的份额上限为样本区间内历史最高份额的 2 倍。其四，采用差别上限，即为 7 个国家设定四种不同的上限。第一种为无上限，也即以 100% 为上限。比如，马来西亚历年份额的最大值是 63.42%，再加上马来西亚拥有比较便利的交通地理位置，具有良好的发展势头，因此将其归为此类。第二种以样本区间内历史最高份额为潜在最大值。比如，印度尼西亚和菲律宾进口份额的最大值超出平均值较多，仅在局部年份出现了高份额，并且两国的份额近些年都处于低位，远小于历史最大值，故将其偶然出现的历史最大值作为潜在最大值。第三种以样本区间内历史最高份额的 2 倍为潜在最大值。比如，越南的进口份额一直较大，近年来波动性较大，成长空间相对有限，所以将其归为此类。第四种以样本区间历史最高份额的 3 倍为潜在最大值。比如，泰国和新加坡所占份额不多，波动也较小，但近年来一直呈上升趋势，潜在的上升空间大，所以将其归为此类。

图 7-6 至图 7-9 显示的是，根据上述四种上限标准分别得到的中国马铃薯出口市场的有效边界。从总体上看，有效边界的形状表明要获得更高的预期平均出口增长率，就必须承担更高的波动风险。有效边界上的每一个点都表明在既定的预期出口增长率下的出口波动风险最小，并且这些点代表了不同的有效市场组合（见表 7-3 至表 7-6）。在每个市场组合中，每个市场的份额取决于该市场的平均出口增长率、出口增长率的方差以及与其他市场平均出口增长率之间的协方差。

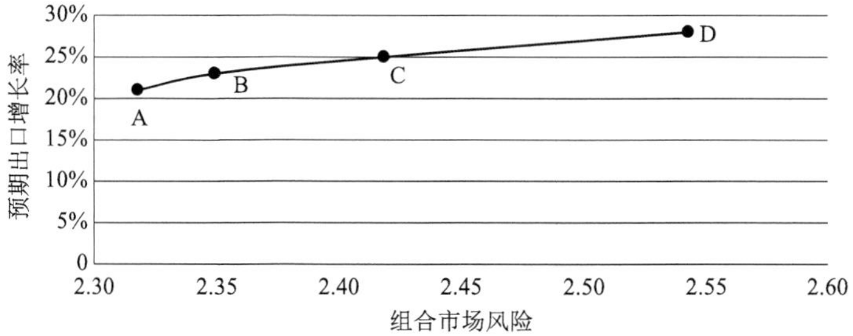

图 7-6　中国马铃薯出口市场的有效边界（上限为历史最高份额的 1 倍）

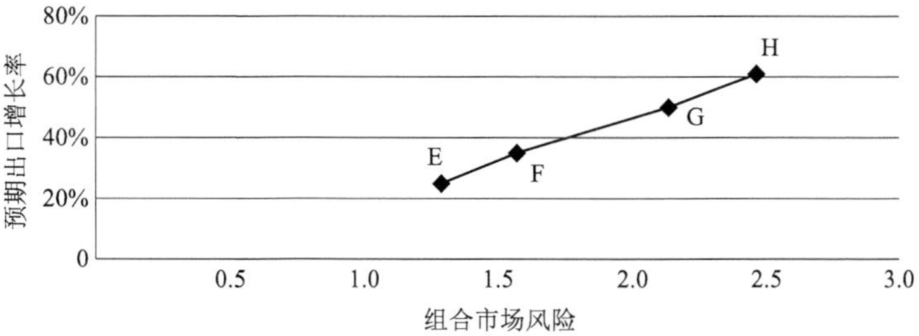

图 7-7　中国马铃薯出口市场的有效边界（上限为历史最高份额的 2 倍）

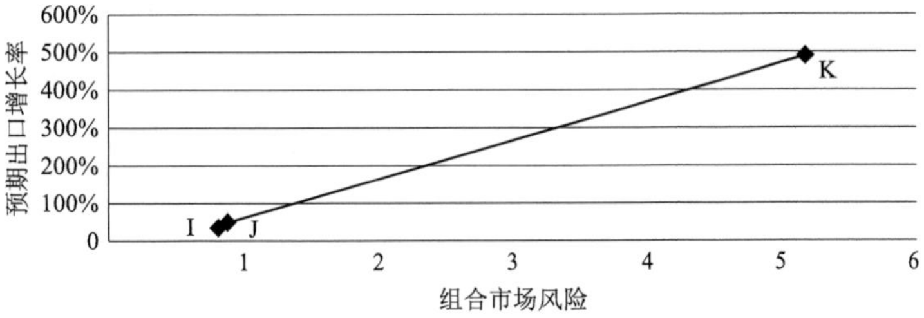

图 7-8　中国马铃薯出口市场的有效边界（上限为 1）

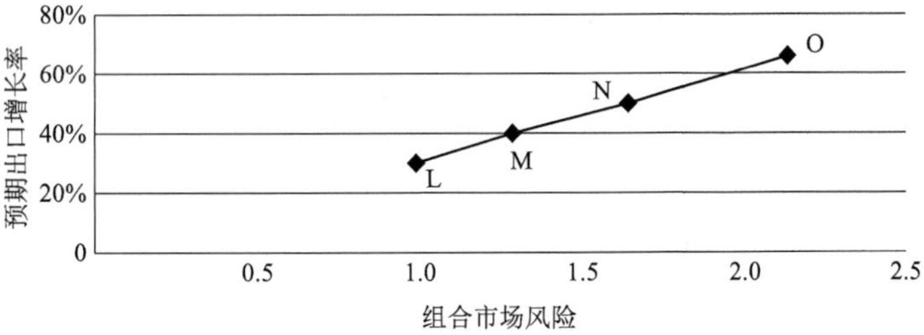

图 7-9　中国马铃薯出口市场的有效边界（差别上限）

表 7-3　　中国马铃薯在七国市场的有效市场组合

（上限为历史最高份额的 1 倍）

有效组合点	A	B	C	D	份额上限/%
组合市场风险	2. 318	2. 349	2. 419	2. 543	
预期出口增长率/%	21	23	25	28	
马来西亚/%	63. 4	62. 1	60. 4	57. 9	63. 4
新加坡/%	9. 6	9. 6	9. 6	9. 6	9. 6
泰国/%	12. 7	12. 7	12. 7	12. 7	12. 7
文莱/%	1. 4	1. 4	1. 4	1. 4	1. 4
越南/%	0. 3	0	0	0	39. 7
印度尼西亚/%	9. 4	11. 2	12. 9	15	15. 2
菲律宾/%	3. 2	3. 2	3. 2	3. 2	3. 2
Hirschman 指标	0. 661	0. 652	0. 638	0. 62	—

表 7-4　　中国马铃薯在七国市场的有效市场组合

（上限为历史最高份额的 2 倍）

有效组合点	E	F	G	H	份额上限/%
组合市场风险	1.290	1.571	2.136	2.464	
预期出口增长率/%	25	35	50	61	
马来西亚/%	38.9	31.2	21.6	15.7	126.8
新加坡/%	19.2	19.2	19.2	19.2	19.2
泰国/%	25.5	25.5	25.5	25.5	25.5
文莱/%	2.8	2.8	2.8	2.8	2.8
越南/%	0	0	0	0	79.4
印度尼西亚/%	7.2	15.1	24.3	30.4	30.4
菲律宾/%	6.3	6.4	6.4	6.4	6.4
Hirschman 指标	0.513	0.477	0.462	0.474	—

表 7-5　中国马铃薯在东盟六国市场的有效市场组合（上限为 1）

有效组合点	I	J	K	份额上限/%
组合市场风险	0.804	0.875	5.168	
预期出口增长率/%	35	50	490	
马来西亚/%	0	0	0	100
新加坡/%	26.5	7.6	0	100
泰国/%	58.3	69.5	0	100
文莱/%	0	0	0	100
越南/%	0	0	0	100
印度尼西亚/%	8.0	11.6	95.2	100
菲律宾/%	7.6	11.5	4.8	100
Hirschman 指标	0.650	0.718	0.953	—

表 7-6　　中国马铃薯在东盟七国市场的有效市场组合

（差别上限）

有效组合点	L	M	N	O	份额上限/%
组合市场风险	0.987	1.285	1.639	2.134	
预期出口增长率/%	30	40	50	66	
马来西亚/%	14.2	7.1	0.9	0	100
新加坡/%	28.2	28.3	28.3	20.8	28.3
泰国/%	38.2	38.2	38.2	38.2	38.2
文莱/%	4.2	4.2	4.2	4.2	4.2
越南/%	0	0	0	0	79.4
印度尼西亚/%	8.7	15.8	21.9	30.3	30.4
菲律宾/%	6.4	6.3	6.4	6.4	6.4
Hirschman 指标	0.510	0.512	0.530	0.536	—

在上限为历史最高份额的场合，有效边界中 A 点的预期出口增长率（21%）和组合市场风险（2.318）均为最低，而 D 点的预期出口金额增长率（28%）和组合市场风险（2.543）均为最高。在 5 个代表性有效组合点中，马来西亚的目标份额均为最高，平均为 60% 左右，其原因在于：马来西亚的方差和协方差均较小（见表 7-7），同时，尽管新加坡、文莱和泰国三国的方差和协方差也较小，但由于三国市场的历史最高份额相对较低，目标份额受到限制，从而使马来西亚成为此种场合中的主要市场。另外，越南的市场份额在五个市场组合中几乎全为 0，其原因在于该市场的年均增长率为负值。

表 7-7　中国马铃薯在东盟七国市场上出口增长率的方差和协方差

	马来西亚	新加坡	泰国	文莱	越南	印度尼西亚	菲律宾
马来西亚	0.055						

续表

	马来西亚	新加坡	泰国	文莱	越南	印度尼西亚	菲律宾
新加坡	0.023	0.080					
泰国	0.048	-0.003	0.138				
文莱	0.023	0.039	0.006	0.044			
越南	-0.005	-0.026	0.011	0	0.183		
印度尼西亚	0.481	-0.105	-1.126	0.315	4.393	142.586	
菲律宾	0.036	-0.309	0.381	0.186	0.471	-15.786	54.530

在上限为历史最高份额2倍的场合，有效边界中E点的预期出口增长率（25%）和组合市场风险（1.29）均为最低，而H点的预期出口金额增长率（61%）和组合市场风险（2.464）均为最高。在5个代表性有效组合点中，马来西亚、泰国和新加坡三个市场的目标份额均较高，其份额之和最低时也超过60%，主要原因在于：这三个市场的方差和协方差相对较小。而越南也因为负的出口增长率，成为要退出的市场。上述四个市场的目标份额占比情况，类似于差别上限的场合（见表7-6）。

在上限为1的场合，有效边界中I点的预期出口增长率（35%）和组合市场风险（0.804）均为最低，而K点的预期出口金额增长率（490%）和组合市场风险（5.168）均为最高。在这种没有约束的场合，马来西亚、文莱和越南三个市场的目标份额均为0，主要原因在于：越南的出口增长率为负值，马来西亚和文莱的出口增长率相对于预期增长率较小。同时，在这种场合中，各市场的目标份额在不同的有效市场组合中表现出非常大的跳跃性。原因在于，各市场的方差之间和出口增长率之间的差异过于显著。

比较上述四种上限标准下的所有有效市场组合与样本区间内的出口份额，无论政策制定者偏好哪一种有效市场组合，仍然可以得到两个明确的政策建议：其一，中国马铃薯应该大幅度减少在越南的市场份额甚至完全退出（仅在 A 点有 0.3%的份额）；其二，中国马铃薯应该增加对菲律宾的出口份额，因为这个市场在四种场合中的目标份额都至少为历史最高份额。而对其他市场出口份额的调整方向，一方面取决于政策决定者对各市场上限的理解，另一方面也取决于政策制定者对待风险的态度。

最后，根据表 7-3 至表 7-6 中各个有效市场组合中的目标份额，可以利用 Hirschman 指标计算对应于不同预期出口增长率的出口地理集中度。进一步地看，比较各个有效市场组合和样本区间中的地理集中度（见表 7-1 最后一行），前者的波动幅度更大。有趣的是，在本章所选的四种上限场合中，在上限为历史最高份额的场合，地理集中度与组合市场风险完全反向变动，而在其他三个场合，二者间呈现出完全的一致性。因此，在马铃薯的场合，中国在东盟七国的出口地理集中度也不是完美的衡量市场风险的指标，原因当然还是地理集中度的计算仅仅考虑各出口市场的出口份额，而不考虑各出口市场的波动风险。

本章小结

本章主要考虑中国马铃薯在东盟的 7 个主要出口目标市场（印度尼西亚、马来西亚、泰国、新加坡、菲律宾、文莱和越南）的出口市场结构问题。本章将中国马铃薯产业视为一个整体，从出口波动风险最小化的角度，检验中国马铃薯在东盟 7 个国家的出口市场结构是否已经实现了最优化，并提出相应的调整建议。

东盟七国已经成为中国马铃薯最重要的出口市场。2000 年，中国马铃薯出口到东盟七国的数量仅为 2.8 万吨，出口金额为 300 万美元，到 2014 年增长到 23.8 万吨，出口金额为 1.38 亿美元，年均增长率为 31.5%。尽管年均速度很快，但是年度出口增长率波动性非常大，有 2 个年份出现了负增长。

中国马铃薯在 7 个市场上的出口数量增长率差异较大。在每个市场上的年度出口增长率都至少出现过一次负值。特别是，印度尼西亚和菲律宾两个市场的波动非常剧烈。在印度尼西亚市场上，中国马铃薯年度增长率的最高值高达 3 587%，最低值为-94.1%。在菲律宾市场上，最高值为 1 714%，最低值为-86%。

中国马铃薯在这 7 个市场上的出口总量呈现出明显的上升趋势，并且在每个市场上的出口数量均呈现出上升或下降趋势。因此，可以考虑最小化中国马铃薯出口数量增长率的总体波动风险，即应该使用以稳定出口增长率为目标的出口市场组合模型求解有效市场组合和有效边界。比较所有有效市场组合与样本区间内的出口份额，无论政策制定者偏好哪一种有效市场组合，仍然可以得到两个明确的政策建议：其一，中国马铃薯应该大幅度减少在越南的市场份额甚至完全退出；其二，中国马铃薯应该增加对菲律宾的出口份额。而对其他市场出口份额的调整方向，一方面取决于政策决定者对各市场上限的理解，另一方面也取决于政策制定者对待风险的态度。

第八章

政策建议与理论总结

随着人们对自由贸易理解的加深，全世界绝大多数国家对贸易的态度已经发生了极大的转变：从近代初期西欧列强坚船利炮威胁下的被动开放，已经转变为主动的开放。尽管在极端的情况下，贸易会带来一国福利的下降。①但是，在大部分情况下，贸易与闭关锁国相比存在着卡尔多改进的效果。本书的目的只是为“政府对出口地理方向的干预”提供一种技术性指导，而不是鼓吹贸易保护主义。

2001 年中国加入世界贸易组织以来，对外贸易达到了一个新的水平。近几年来，随着中国与东盟、智利、新西兰等自贸区的建立，对外贸易的广度和深度更是逐步拓展。受益于各种贸易自由化政策，中国与东盟已经成为最重要的农产品贸易伙伴。本章将总结前面的实证分析，并为中国政府优化对东盟农产品的出口市场结构提出一些具体的调整措施，同时，也对出口市场结构理论做一个总结和展望。

本章内容安排如下：第一节分析中国对东盟农产品出口市场结构调整中的问题；第二节根据前面的实证分析将中国在东盟的农产品出口市场进行分类，并有针对性地提出各种调整建议；第三节总结出口市场组合模型的优点和缺点，并指出进一步的研究方向。

---

① Bhagwati（1958）曾在一篇经典的论文中提出了“悲惨式增长”的可能性。在国际贸易的场合，一国可能因为技术贸易导致经济增长，从而生产可能性边界外移，当这种外移偏向于出口部门，并导致贸易条件的极大恶化时，贸易导致的福利水平下降就可能出现。

第一节　中国农产品出口市场结构调整中的问题

农产品中的大部分都属于经济学中的易腐品，也就是说，其生产者或者销售者会比较重视产品在保鲜期内销售的稳定，这种稳定或者是销售总量的稳定，或者是销售总量增长率的稳定。但是，根据前文对中国农产品在东盟出口市场结构的分析，从出口波动风险最小化的角度来看，现实中的出口市场结构远远没有达到最优的状态。这种结果在一定程度上源自出口企业在出口市场选择中的混乱：由于大部分农产品加工和出口的门槛相对较低，导致一些品种产能严重过剩，扎堆进入少数市场并展开恶性的价格竞争，这样不仅加剧了出口数量和出口价格的波动，也往往容易招致进口国的反倾销诉讼。而各级政府对这种混乱的治理却不够有力。虽然中国政府自 20 世纪 90 年代初就已经了解到包括农产品在内的出口产品的市场结构存在优化的空间，但是在具体的治理效果上却差强人意。没有一个明确的调整方向，或者说没有一个明确的理论基础，可能是根本性的原因。

一、模糊的市场调整方向

第一章回顾了中国政府自 20 世纪 90 年代以来，在国家五年计划中关于出口市场多元化的“最高指示”，这些指示最明显的特征就是可操作性不强。2006 年，商务部颁布了中国农产品出口的第一个五年发展规划。这个规划对出口市场多元化的建议比国家五年计划的内容更加具体，并且提出了分产品和分市场的调整目标，似乎比国家五年计划更具有可操作性，比如：

水、海产品及制品继续发挥出口优势。巩固提高（其）在东亚、东南亚地区的市场份额，积极开拓欧美市场。

园艺产品出口力争实现跨越式发展。提高加工水平，积极开拓欧美市场，分散经营风险，开发适合欧美口味的新品种。

畜禽产品出口努力保持稳定增长。稳定香港及东南亚市场，扩大对俄罗斯的出口，积极开拓中东、中亚地区牛、羊肉类产品市场。

谷物、豆类及制品出口力争保持传统市场份额。“十一五”期间，根据国内粮食供求关系的变化，在优先保证国内粮食安全的前提下，巩固传统粮食出口市场……逐步提高国际市场份额。

……

建立多元化的全球农产品市场体系，是“十一五”期间扩大农产品出口的重要目标之一。要稳定和扩大日本、中国香港、东盟、韩国市场，深度开发欧盟、美国市场，进一步扩大对俄罗斯、加拿大、印度等市场的出口，同时努力开拓拉丁美洲、大洋洲、非洲等新兴市场。

“十一五”期间，在稳定我国目前对日本农产品出口份额的基础上，应继续加大对日出口，特别是扩大加工制成品的出口。

中国内地是香港鲜活食品的主要供应地，近 10 年内地农产品在香港市场占有率呈现下降趋势……内地农产品需进一步提升产品质量，争取逐步恢复市场份额。

韩国是中国农产品的重要出口市场，应进一步发挥区域优势和比较优势，提高中国农产品在韩国的市场份额。

“十一五”期间，中国对东盟的农产品出口面临难得的历史性机遇和较为宽松的贸易环境，具有进一步扩大出口的基础。应抓住建立中国—东盟自由贸易区的有利机遇，依托地缘和饮食习惯的优势，加快我国畜产品和加工制成品对东盟的出口。

“十一五”期间，应制订全面、积极的市场进入展览，拓展和扩大对欧盟的出口，重点发展高质量、高附加值、深加工的畜产品、园艺产品、水产品以及有机、特色农产品的出口。

“十一五”期间，应继续发挥我国农产品的比较优势，积极推动农产品对美国的出口。

近年来，我国对俄罗斯、中东、南美、中亚等新兴市场的农产品出口增长较快。“十一五”期间，应积极建立与新兴市场的稳定贸易渠道，采取灵活贸易方式，帮助企业建立有效的风险防范体制，出口商品以价格优势明显的粮食（如大米）、蔬菜、烟草等农产品为主。应本着贸易互补、农业合作、互利互惠的原则，逐步扩大大陆农产品在台湾的市场占有率，出口商品以互补性强的温带农产品及其制品、各地特色农产品为主。

要实现出口市场多元化的目标，需要解决的具体问题是“哪些产品去哪些市场以及去多少”——既包括产品指派问题也包括市场指派问题。这份农产品出口五年规划的一个进步就是针对各种产品的不同特点，提出了具体产品的市场多元化目标，这使多元化战略的可操作性增强了很多。因为以往的市场多元化要求针对所有产品，在具体的市场转移中产品指派的问题没有得到解决。但是，在这份看似具体的规划中，对具体市场的指派与国家五年计划中“巩固传统市场上的份额，积极开拓新兴市场”的字眼没有本质区别。事实上，中国产品在传统市场的出口量已经很大，而传统市场的规模也在增长，“巩固传统市场的份额”就意味着中国出口增量中的一个较大部分也要分配到这些市场，剩余的份额才需要转移至新兴市场。这样，中国出口市场多元化战略的实现必然要经历一个缓慢的过程。很明显，这样一个多元化过程并不是一个基于市场波动风险视角的调整过程，而是一个基于“降低出口地理集中度”视角的调整过程——其目标只是为了将出口份额分配到更多的市场，而不是分配到更稳定的市场。

为什么中国政府要强调“巩固传统市场，开拓新兴市场”？一方面可能是错误地理解了出口地理集中度与出口波动之间的关系，另一方面则是缺乏出口市场多元化的理论基础时不得不做出的无奈决策。因为如果不这样，那就意味着有更多或更少的份额将转移至新兴市场。更多指多少？更少又是指多少呢？事实上，即便是仅仅要求“巩固传统市场，开拓新兴市场”，而新兴市场数量庞大，如何开拓呢？每个新兴市场的份额如何安排？如果没有定量的理论基础，这些问题没法回答。

二、政府和行业协会治理无力

中国农产品出口市场结构调整中的第二个问题，即政府和行业协会治理无力，严格意义上是第一个问题的结果。2004 年 10 月，中国农业部农业贸易促进中心对山东、广东等 12 个省（市）的农业厅（局）、38 家农产品行业协会和 49 家农产品出口企业，就农业贸易促进体系的现状进行了一次问卷调查。调查结果显示，中国的农业贸易促进体系仍处于起步阶段，还没有形成完善的体系，包括出口市场调整在内的各项贸易促进工作只在浅层次上进行。农产品行业协会近年发展速度虽然很快，但是仍然存在相当多的问题：

我国的政府机构在体系规划、政策指导、资金支持、公共服务等方面的工作还很欠缺。农业部门没有参与外贸管理的职能，因而造成贸易促进机构不健全。农业部门任务不清，责任不明，工作深度不够，导致以下问题产生：……政策指导、信息服务、产品推介、市场开发扶持等公共服务不到位。在为企业、协会服务方面，尚缺乏协商、对话机制；在促进企业横向沟通、相互交流方面，缺乏有效引导。

近年来农产品专业协会作为联结农户、企业、市场的纽带，发展势头不错，但也存在相当多的问题……服务质量不高。我国的农产品行业协会，有些产生于政府体制转轨时期，行政色彩浓重，服务意识较差。许多协会经济实力不强，服务内容单一，组织协调不力，带动作用不强。

上述问题的存在，意味着无论是政府还是行业协会都不可能在出口企业的市场选择中提供有力和明确的引导。10多年过去了，很多问题依然存在。比如，作为农产品出口金额最大的三个省份，山东、福建和广东依然没有建立专门的农业贸易促进机构。当然，在很多具有可操作性的领域，政府和行业协会的工作也取得了很多成就。比如农产品质量安全的认证、出口支持政策的实施、行业协会积极参与解决贸易纠纷和农产品贸易信息的提供等方面。但是，在出口市场的引导方面，政府和行业协会依然缺乏“有效引导”。这份调查报告分析了导致问题的很多原因。但是，可以预期的是，如果政府不清楚每个市场“合适”的出口比例，“政府部门任务不清、责任不明”“行业协会调整不力”等原因仍会持久存在。

第二节 优化中国农产品对东盟出口市场结构的建议

在给出具体的政策建议之前，需要明确政策目标及其局限性，否则政策的作用可能会被低估或者误解。优化出口市场结构的目标本质上是寻找更加稳定的出口市场结构。根据前文的分析，农产品的出口波动具体指出口量或其增长率的波动。因此，政策目标可以是最小化预期出口量的波动水平，也可以是最小化预期出口增长率的波动水平。进一步地，上述目标的实现受到以下3个因素的限制：第一，当政策制定者根据某个有效市场组合引导出口企业转换市场时，可选的政策工具可能会受到世界贸易组织相关条款的约束，从而导致调整力度不够；① 第二，当政策制定者选择了某个有效市场组合时，如果出口企业不积极配合，就会导致实际出口份额与目标份额之间存在差异；第三，由于一国出口的波动水平受到很多因素的影响，即使政策制定者能够在各市场完全实现目标份额，但如果其他因素比如进口国国内供需条件发生显著变化，那么对该国出口的总体波动水平可能不减反增。尽管如此，为了解决出口企业在市场选择中的市场失灵问题，出口市场组合模型至少为我们优化出口市场结构提供了明确的调整方向。因此，市场份额的调整仍然具有必要性和一定程度的有效性。

根据出口市场组合模型，前文求解了作为一个整体的早期收获产品、苹果、冻鲣鱼和马铃薯的有效市场组合，并且得出了一些具有明确意义的政策结论。需要说明的是，从可操作性视角出发，基于整个早期收获产品的有效市场组合，产品指派的问题没有解决——引导哪些产品去哪些市场以及去多少，是一个交易成本大到可能使市场组合变得没有意义的问题。相比而言，基于单个产品有效市场组合的政策建议更具有可行性。进一步地，根据前文的计算结果可以发现，不同市场的目标份额及其变化形式存在某些共同特征。根据这些特征的不同，所有的出口市场可以分为四个类型：理想型市场、退出型市场、有限调整型市场、态度依赖型市场（见表8-1）。而且，同一类型的出口市场可以运用类似的政策工具。

① 比如，世界贸易组织规定的农业补贴包括国内支持和出口补贴两个部分，而中国在加入世界贸易组织时已经承诺放弃出口补贴。所以，中国当前可用的农业补贴实际上就只剩下对农业的“国内支持”。关于出口补贴，乌拉圭回合谈判中曾达成了一个禁令性质的协议：将出口补贴冻结在基期水平，不许再增加新的出口补贴。因此，如果基期内没有出口补贴，则不许再启动出口补贴这样的保护措施。根据中国提交的 WT/ACC/CHN/38/REV. 3 文件，在 1996 年至 1998 年的基期内，中国没有提供出口补贴，所以按照冻结原则，中国不得不放弃“保持或采取任何出口补贴”的权利（王军杰，2012）。

表 8-1　　东盟各国在不同产品有效市场组合中的市场类型

	理想型市场	退出型市场	有限调整型市场	态度依赖型市场
早期收获产品	泰国（1.5 倍、2 倍）	印度尼西亚（所有上限）	泰国（1 倍）	其他市场
苹果		马来西亚（1）		其他市场
冻鲣鱼	新加坡（1 倍、2 倍、差别上限）	印度尼西亚（所有上限）、越南（所有上限）、泰国（2 倍、1、差别上限）	菲律宾（所有上限）	其他市场
马铃薯	新加坡（1 倍、2 倍）、菲律宾（1 倍）	越南（2 倍、1、差别上限）、马来西亚（1）、文莱（1）	越南（1 倍）、新加坡（差别上限）、菲律宾（2 倍、1、差别上限）	其他市场

注：括号中的内容表明上限份额的类型。比如，“1 倍”表示上限份额为历史最高份额的 1 倍，“1”表示 100% 的份额。

一、对理想型市场的政策建议

理想型市场，指在所有的有效市场组合中无论预期出口量或其增长率为何值，其目标份额一直处于上限水平的市场。在求解有效市场组合的过程中，不同标准的上限份额会影响到大多数市场的目标份额。因此，某个市场在一种上限份额下为理想型市场，在另一种上限份额下可能就不是。对于作为一个整体的中国早期收获产品而言，理想型市场是上限为历史最高份额 1.5 倍和 2 倍时的泰国。对于苹果而言，没有理想型市场。对于冻鲣鱼而言，理想型市场是上限为历史最高份额 1 倍、2 倍以及差别份额时的新加坡。对于马铃薯而言，理想型市场分别是上限标准为 1 倍和 2 倍历史最高份额时的新加坡和为 1 倍最高历史份额时的菲律宾。

由于前文设定的上限至少为历史最高份额的1倍或以上，因此，对于理想型市场的政策建议非常明确，即大幅度地增加该市场的出口份额。考虑到世界贸易组织《农产品协议》对农产品国内支持方面的规定，为了实现这一目标，可以利用URAA（Uruguay Round Agreement on Agriculture，乌拉圭回合农业协议）体制下允许使用的“绿箱”措施。比如，政府部门可以通过向出口企业发布各出口市场的风险信息，增强出口企业对农产品出口风险状况的了解程度，减少其在选择出口市场时的盲目性。在基础设施方面，政府也可以有倾向性地提供服务：对于出口至理想市场的目标产品，提供机场、港口和运输等方面的便利。在对出口收入的保障方面，政府部门可以考虑提供官方出口保险，以政府担保的方式引导出口企业调整出口贸易方向。还可以对于根据政府的指引向有效市场组合中的目标市场转移市场份额的企业，给予有偏向性的出口信贷和出口退税。另外，还可以利用粮食公共储备制度，将没有成功进入理想市场的目标产品按照市场价格收购后进行存储。最后，还可以利用国家领导人对理想市场所在地区的出访机会，推广目标产品，促进该产品进入此类市场。

二、对退出型市场的政策建议

退出型市场，指在所有的有效市场组合中无论预期出口增长率为何值，其目标份额一直为零的市场。对于作为一个整体的早期收获产品而言，退出型市场是所有上限标准下有效市场组合中的印度尼西亚；对于苹果而言，退出型市场为上限份额为1时的马来西亚；对于冻鲣鱼和马铃薯而言，退出型市场均都有3个，对应于不同的上限标准（见表8-1）。

很明显，如果政府将某个市场视为退出型市场，可能会遭到来自出口企业的阻力，特别是对于那些已经占据了较大市场份额的“传统”市场。因此，针对退出型市场较为可取的政策建议可能是大幅度地减少该市场的份额，而不是完全减少为零，或者说即使退出也应该是一个长期的过程。退出型市场的政策措施可以相应地参考理想型市场，只不过调整方向相反。为了达到相应的调控目标，还可以采取一些力度较大的限制性措施，比如采用出口许可证制，对于出口至该市场的目标产品和份额做出严格限制。

三、对有限调整型市场的政策建议

有限调整型市场，指在所有的有效市场组合中无论预期出口增长率为何值，其目标份额既没有全部达到上限也不全为零的市场，但是与历史出口份额相比，该类市场具有明确的政策含义：应该增加或减少在该地区市场的份额。对于作为一个整体的早期收获产品而言，有限调整型市场只有一个即上限份额为 1 时的泰国，并且是应该增加其目标份额；对于苹果而言，没有有限调整型市场。冻鲣鱼的此类市场为所有上限保准下的菲律宾，且市场份额的调整方向是“增加”。马铃薯的此类市场包括越南、新加坡和菲律宾，分别对应于不同的上限标准（见表 8-1）。

值得强调的是，此类市场的调整方向虽然很明确，但是对于不同的预期出口量或出口增长率，增加或减少的程度会发生变化。因此，针对此类市场的具体政策措施可以参考第一类和第二类市场，只不过调整的力度会随着预期出口量或出口增长率的变化而变化。这无疑增加了调整的难度——市场份额的调整过多或过少，都会破坏政策的有效性。因此，对于这一类市场，为了实现政策目标，还应该特别注意实时监控政策落实的情况，保证份额调控的精确性。

四、对态度依赖型市场的政策建议

态度依赖型市场，指在所有的有效市场组合中随着预期出口量或出口增长率的变化，目标份额的变化方向取决于政策制定者风险态度的市场，同时，与历史出口份额相比，出口份额的调整没有明确的方向。这类市场在前文的计算结果中数量较多。以作为一个整体的早期收获产品为例，在上限份额为历史最高份额的 2 倍约束下，如果政策制定者属于极端的风险厌恶型，政策建议就是将新加坡的目标份额增加至上限；如果政策制定者属于极端的风险喜好型，政策建议就是将新加坡的目标份额降至零。由此可见，对于此类市场，政策制定者要有明确的风险态度，因为不同的风险态度可能意味着完全相反的政策含义。

第三节　出口市场结构理论总结

一国出口中的总体波动水平部分来源于出口企业对出口目的地的自由选择。因此，出口波动在一定程度上属于市场失灵，需要政府采取必要的干预措施。如果以稳定出口为目标，马科维茨的均值—方差方法可以为商品出口市场结构的优化提供一条解决思路。考虑到各市场上出口量或者出口增长率之间的显著差异，本书使用相对方差衡量市场风险，并以此为基础构建了出口市场组合模型，该模型为出口市场结构的优化提供了一个初步的理论基础。

一、出口地理集中度的缺点

出口地理集中度是国内外文献衡量市场结构或者市场多元化程度的一个常用指标。在各种经验分析中，出口地理集中度与出口收入的稳定性之间在不同国家或不同时期中的关系并不一致甚至相互矛盾。在早期收获产品、苹果、冻鲣鱼和马铃薯的经验分析中，也证明了这一点，即出口地理集中度与出口风险不存在简单的具有一致性的关系。原因在于，地理集中度的计算仅仅考虑了各出口市场的出口份额，而没有考虑各出口市场的波动风险。因此，当出口国的出口主要集中于少数市场从而地理集中度较高，但是这些市场的波动风险均较小，那么经验分析中的结果就会表现为地理集中度与出口波动性之间反方向变动。另外，当出口国的出口市场较多从而地理集中度较低，但是这些市场的波动风险都较高且正相关程度也较高，那么经验分析中的结果也会表现为地理集中度与出口波动性之间反方向变动。从出口波动风险的角度，一个给定的地理集中度数值并没有揭示有效的信息，从而地理集中度不是越高越好，也不是越低越好，只有当它与具体的出口市场及其份额结合在一起时才有意义。总而言之，出口地理集中度并不是一个衡量出口风险的好的指标。

二、出口市场组合模型的进一步拓展

对马科维茨的现代资产组合理论的批评之一是，方差并不是一个完美的衡量市场风险的指标。事实上，尽管本书使用相对方差解决了不同市场风险衡量和比较中的可比性问题，但是方差所面临的分布数列的偏斜问题，在相对方差的场合也仍然存在。在计算各市场的风险、平均出口量或其增长率时，出口市场组合模型依赖于历史数据，因此，从这个意义上讲，出口市场组合模型属于静态预期的范畴。另外，在某些条件下，出口市场组合模型的约束条件过于简单，没有考虑关税和运输成本。

1. 从相对方差到半相对方差

方差将分布数列中各单位标志值的差异全部包括在内，反映的仅仅是“总体”的离散程度，不可避免地“隐藏”了某些信息。也就是说，方差将高估或低估非对称分布数列中包含的波动风险。在非对称分布场合，当仅仅关注分布数列中的某一部分标志值时，比如，在考虑出口风险的场合，我们一般更关注出口量低于平均出口量的部分或者出口增长率低于平均增长率的部分。此时，半方差的优势就显现出来了。

$$定义1：(r-\bar{r})^{-}=\begin{cases} r-\bar{r}，若(r-\bar{r})\leqslant a \\ 0，若(r-\bar{r})>a \end{cases}$$

其中，r 为分布数列，$\bar{r}$ 为 r 的均值，a 为实数，令 $S_b(r)=E[(r-\bar{r})^{-}]^2$，$E$ 为期望符号，则 $S_b(r)$ 为 r 的半方差。

上述分段函数表明，在分布数列 r 中，只关注与均值 $\bar{r}$ 之差小于或等于实数 a 的标志值，而对于与均值 $\bar{r}$ 之差大于实数 a 的标志值全部赋值为0。当然，也可以将与均值 $\bar{r}$ 之差小于等于 a 的标志值赋值为0。这取决于哪些标志值被关注。

考虑出口市场上出口量或者出口增长率之间的显著差异，同时，基于半方差和相对方差的优点，可以将二者的优点综合在一起，提出一个新的概念——半相对方差：

$$定义2：\left(\frac{r-\bar{r}}{\bar{r}}\right)^{-}=\begin{cases} \frac{r-\bar{r}}{\bar{r}}，若(r-\bar{r})\leqslant a \\ 0，若(r-\bar{r})>a \end{cases}$$

其中，$\bar{r}\neq 0$ 为 r 的均值，a 为实数。令 $S_{xb}(r)=E\left[\left(\frac{r-\bar{r}}{\bar{r}}\right)^{-}\right]^2$，即为 r 的半相对方差。定义2表明，在分布数列 r 中，我们只关注 $(r-\bar{r})\leqslant a$ 的标志值，而对于 $(r-\bar{r})>a$ 的标志值全部赋值为0。

由此可见，半相对方差一方面具有半方差的特点，即只考虑我们所关注的那部分标志值，将不需要考虑的标志值剔除掉，从而提高了衡量波动程度的精准性；另一方面，半相对方差又具有相对方差的特点，两次考虑数列的均值，从而可用于不同性质、不同单位或具有不同水平数列的波动程度的比较。并且，半相对方差越大，表明所关注标志值之间的相对差异越大；半相对方差越小，则表明所关注标志值之间的相对差异越小。因此，在衡量出口量或出口增长率非对称分布市场的风险时，半相对方差是一个不错的选择。

2. 从静态预期到理性预期

在前文的出口市场组合模型中，以及在计算有效市场组合的过程中，各市场的平均出口增长率、方差以及与其他市场之间的协方差均来自历史数据。因此，出口市场组合模型本质上在用各出口市场过去的“表现”简单地推测各出口市场未来的“表现”，而这正是静态预期的处理方法。静态预期是一种最简单的预期方式，经济主体完全基于已经发生过的情况来估计未来的情况。因此，静态预期的经济变量水平等于该变量的前期水平。但是，政策制定者却是面向未来做出各种决策。此时，需要从理性预期的角度去估计各出口市场的平均出口量或出口增长率、风险以及与其他市场之间的协方差等变量。理性预期指经济主体会有效利用所得到的过去和现在的各种信息来做出预期而不会犯系统性的错误。因此，平均而言理性预期应该是正确的。进一步地，完善出口市场组合模型的方向之一，就是考虑政策制定者做决策时所能利用的各种信息，从而更准确地评估各市场的预期增长率和波动风险。

3. 关税和运输成本

前文中提到，衡量各出口市场的风险时存在两种方法：其一，根据出口国在该市场上的历史销量或其增长率的波动性计算风险；其二，根据该市场整体进口量或其增长率的波动性计算风险。当出口国尚未进入该市场或进入时间较短时，第二种方法是一个较为可取的选择。当使用第一种方法时，关税和运输成本方面的信息已经内含于历史出口份额和历史出口量或其增长率之中，因此可以不用考虑关税和运输成本（除非关税税率发生了较大的变化）。但是，使用第二种方法时，就需要考虑关税和运输成本。

在当前世界经济中，农产品的平均关税水平为60%，而且各国还大量采用比较复杂的关税形式。比如，挪威、日本、美国、巴西、印度和欧盟的农产品平均关税水平分别为71%、42%、11%、36%、114%和23%，这些国家的最高关税水平分别达到1 062%、1 706%、440%、55%、300%和408%。另外，很多国家存在大量的关税高峰和关税升级现象。比如，许多发达国家关税高峰农产品（指关税超过12%的农产品）的数量占全部农产品的10%，而在这些国家中一些重要农产品的关税更是高达350%至900%。比如，美国有20%的农产品关税超过30%，日本、加拿大和欧盟的比例分别达到30%、14%和25%①。

很明显，不同的关税水平意味着不同的进入壁垒。关税水平越高则这个市场越难进入。因此，当使用第二种方法衡量各国市场的风险时，可以根据各市场的关税水平对其目标份额设置约束如下：

$$b_i \geqslant X_i(1-at) \geqslant 0$$

其中，X_i代表出口国在第i个市场上自由贸易时的目标份额，t代表关税水平，a是一个参数，反映了关税对出口份额的影响程度。

当使用第二种方法衡量出口风险时，还需要考虑运输成本。运输成本的高低无疑会影响到出口国的收益。因此，运输成本应该加进出口市场组合模型的约束条件。如果借鉴萨缪尔森（1952）的冰山运输成本的做法，在稳定出口量的场合，模型的约束条件可以写成如下形式：

$$R_p = \sum X_i(g_i \overline{R_i})$$

---

① 目前，中国是世界上农产品市场开放度最高的国家之一。中国农产品的平均关税仅为15.2%，不到世界平均水平的1/4，而且关税结构非常简单。比如，粮、棉、油和糖等大宗农产品虽然实行了关税配额管理，但是配额量较大，并且配额内的关税多数在1%至5%的范围内，而配额外的关税最高也只有65%。

其中，g_i表示由于达到第 i 个市场的运输成本的存在，导致预期出口量$\overline{R_i}$中只有大小为 g 的一部分到达出口市场。也就是说，（1-g）单位的商品作为成本在运输过程中“融化”掉了。

最后，在应用出口市场组合模型引导出口活动的过程中，以下几个方面的问题值得注意：为了简化计算以及政策上的灵活性，需要对出口市场进行分类，但是这个分类过程往往具有一定的主观性。而对出口市场的不同分类以及对其出口份额上限的不同设定将直接影响有效市场组合的具体构成，并进一步影响政策含义；另外，如果出口国与有效市场组合中的某个国家发生贸易摩擦，则意味着对该国的出口比例可能无法实现。但是，从理论上仍然可以找到另一组出口市场替代该国，从而不影响预期出口目标下的风险最小化。

从长期来看，也许最好的政策建议就是政府最小化，即：在各出口企业层面，普及出口市场组合模型的相关知识，引导微观主体从被动接受出口市场结构的调整转变为自觉地优化各自的出口市场结构。而政府仅提供关于市场风险方面的公共信息、有利于出口活动的基础设施和制度安排。

附录 A：《中国与东盟全面经济合作框架协议》

序　　言

我们，中国与文莱、柬埔寨、印度尼西亚、老挝、马来西亚、缅甸、菲律宾、新加坡、泰国和越南等东南亚国家联盟成员国（以下将其整体简称为“东盟”或“东盟各成员国”，单独一国简称“东盟成员国”）政府首脑或国家元首：

忆及我们 2001 年 11 月 6 日在文莱斯里巴加湾东盟—中国领导人会上关于经济合作框架和在 10 年内建立中国—东盟自由贸易区（以下简称“中国—东盟自贸区”）的决定，自由贸易区将对柬埔寨、老挝、缅甸和越南等东盟新成员国（以下简称“东盟新成员国”）给予特殊和差别待遇及灵活性，并对早期收获做出规定，其涉及的产品及服务清单将通过相互磋商决定。

期望通过具有前瞻性的《中国与东盟全面经济合作框架协议》（以下将“中国与东盟”整体简称为“各缔约方”，单独提及东盟一成员国或中国时简称为“一缔约方”）（以下简称“本协议”），以构筑双方在 21 世纪更紧密的经济联系。

期望最大限度地降低壁垒，加深各缔约方之间的经济联系；降低成本；增加区域内贸易与投资；提高经济效率；为各缔约方的工商业创造更大规模的市场，该市场将为商业活动提供更多机会和更大规模的经济容量；以及增强各缔约方对资本和人才的吸引力。

确信中国—东盟自贸区的建立将在各缔约方之间创造一种伙伴关系，并为东亚加强合作和维护经济稳定提供一个重要机制。

认识到工商部门在加强各缔约方之间的贸易和投资方面的重要作用和贡献，以及进一步推动和便利它们之间的合作并使它们充分利用中国—东盟自贸区带来的更多商业机会的必要性。

认识到东盟各成员国之间经济发展阶段的差异和对灵活性的要求，特别是为东盟新成员国更多地参与中国—东盟经济合作提供便利并扩大它们出口增长的需要，这要着重通过加强其国内能力、效率和竞争力来实现。

重申各缔约方在世界贸易组织（以下简称为WTO）和其他多边、区域及双边协议与安排中的权利、义务和承诺。

认识到区域贸易安排在加快区域和全球贸易自由化方面能够起到的促进作用，以及在多边贸易体制框架中起到的建设性作用。

现达成如下协议：

第一条　目标

本协议的目标是：（a）加强和增进各缔约方之间的经济、贸易和投资合作；（b）促进货物和服务贸易，逐步实现货物和服务贸易自由化，并创造透明、自由和便利的投资机制；（c）为各缔约方之间更紧密的经济合作开辟新领域，制定适当的措施；以及（d）为东盟新成员国更有效地参与经济一体化提供便利，缩小各缔约方发展水平的差距。

第二条　全面经济合作措施

各缔约方同意迅速地进行谈判，以在10年内建立中国—东盟自贸区，并通过下列措施加强和增进合作：（a）在实质上所有货物贸易中逐步取消关税与非关税壁垒；（b）逐步实现涵盖众多部门的服务贸易自由化；（c）建立开放和竞争的投资机制，便利和促进中国—东盟自贸区内的投资；（d）对东盟新成员国提供特殊和差别待遇及灵活性；

（e）在中国—东盟自贸区谈判中，给各缔约方提供灵活性，以解决它们各自在货物、服务和投资方面的敏感领域问题，此种灵活性应基于对等和互利的原则，经谈判和相互同意后提供；（f）建立有效的贸易与投资便利化措施，包括但不限于简化海关程序和制定相互认证安排；（g）在各缔约方相互同意的、对深化各缔约方贸易和投资联系有补充作用的领域扩大经济合作，编制行动计划和项目以实施在商定部门/领域的合作；以及（h）建立适当的机制以有效地执行本协议。

第一部分

第三条　货物贸易

1. 除本协议第六条所列的“早期收获”计划以外，为了加速货物贸易的扩展，各缔约方同意进行谈判，对各缔约方之间实质上所有货物贸易取消关税和其他限制性贸易法规［如必要，按照 WTO 关税与贸易总协定（以下简称为 GATT）第 24 条（8）（b）允许的关税和限制性贸易法规除外］。

2. 就本条而言，应适用如下定义，除非文中另有解释：

（a）“东盟六国”指的是文莱、印度尼西亚、马来西亚、菲律宾、新加坡和泰国；（b）“实施的最惠国关税税率”应包括配额内税率，并应：（i）对于 2003 年 7 月 1 日时为 WTO 成员的东盟成员国及中国，指其 2003 年 7 月 1 日各自的实施的最惠国关税税率；以及（ii）对于 2003 年 7 月 1 日时非 WTO 成员的东盟成员国，指其 2003 年 7 月 1 日对中国的实施税率；（c）“非关税措施”应包括非关税壁垒。

3. 各缔约方的关税削减或取消计划应要求各缔约方逐步削减列入清单的产品关税并在适当时依照本条予以取消。

4. 依照本条纳入关税削减或取消计划的产品应包括所有未被本协议第六条所列的“早期收获”计划涵盖的产品，这些产品应分为如下两类：（a）正常类：一缔约方根据自身安排纳入正常类的产品应：（i）使其各自实施的最惠国关税税率依照特定的减让表和税率（经各缔约方相互同意）逐步削减或取消，对于中国和东盟六国，实施期应从2005年1月1日到2010年，对于东盟新成员国，实施期应从2005年1月1日到2015年，并采用更高的起始税率和不同的实施阶段；以及（ii）按照上文第4款（a）（i）已经削减但未取消的关税，应在经各缔约方相互同意的时间框架内逐步取消。（b）敏感类：一缔约方根据自身安排纳入敏感类的产品应：（i）使其各自实施的最惠国关税税率依照相互同意的最终税率和最终时间削减；以及（ii）在适当时，使其各自实施的最惠国关税税率在各缔约方相互同意的时间框架内逐步取消。

5. 敏感类产品的数量应在各缔约方相互同意的基础上设定一个上限。

6. 各缔约方依照本条及第六条所做的承诺应符合WTO对各缔约方之间实质上所有贸易取消关税的要求。

7. 各缔约方之间依照本条相互同意的特定的关税税率应仅列出各缔约方削减后适用关税税率的上限或在特定实施年份的削减幅度，不应阻止任一缔约方自愿加速进行关税削减或取消。

8. 各缔约方之间关于建立涵盖货物贸易的中国—东盟自贸区的谈判还应包括但不限于下列内容：（a）管理正常类和敏感类产品的关税削减或取消计划以及本条前述各款未涉及的任何其他有关问题的其他具体规则，包括管理对等承诺的各项原则；（b）原产地规则；（c）配额外税率的处理；（d）基于GATT第28条，对一缔约方在货物贸易协议中的承诺所做的修改；（e）对本条或第六条涵盖的任何产品采用的非关税措施，包括但不限于对任何产品的进口或者对任何产品的出口或出口销售采取的数量限制或禁止，缺乏科学依据的动植物卫生检疫措施以及技术性贸易壁垒；（f）基于 GATT 的保障措施，包括但不限于下列内容：透明度，涵盖范围，行动的客观标准——包括严重损害或严重损害威胁的概念，以及临时性；（g）基于 GATT 现行规则的关于补贴、反补贴措施及反倾销措施的各项规则；以及（h）基于 WTO 及世界知识产权组织（简称 WIPO）现行规则和其他相关规则，便利和促进对与贸易有关的知识产权进行有效和充分的保护。

第四条　服务贸易

为了加速服务贸易的发展，各缔约方同意进行谈判，逐步实现涵盖众多部门的服务贸易自由化。此种谈判应致力于：（a）在各缔约方之间的服务贸易领域，逐步取消彼此或各缔约方间存在的所有实质歧视，和/或禁止采取新的或增加歧视性措施，但 WTO《服务贸易总协定》（以下简称为 GATS）第五条第 1 款（b）所允许的措施除外；（b）在中国与东盟各成员国根据 GATS 所做承诺的基础上，继续扩展服务贸易自由化的深度与广度；以及（c）增进各缔约方在服务领域的合作以提高效率和竞争力，实现各缔约方各自服务供应商的服务供给与分配的多样化。

第五条　投资

为了促进投资并建立一个自由、便利、透明并具有竞争力的投资体制，各缔约方同意：（a）谈判以逐步实现投资机制的自由化；（b）加强投资领域的合作，便利投资并提高投资规章和法规的透明度；以及（c）提供投资保护。

第六条　早期收获

1. 为了加速实施本协议，各缔约方同意对下文第 3 款（a）所涵盖的产品实施“早期收获”计划（该计划为中国—东盟自贸区的组成部分），“早期收获”计划将按照本协议中规定的时间框架开始和结束。

2. 就本条而言，应适用如下定义，除非文中另有解释：（a）“东盟六国”指的是文莱、印度尼西亚、马来西亚、菲律宾、新加坡和泰国；（b）“实施的最惠国关税税率”应包括配额内税率，并应：（i）对于 2003 年 7 月 1 日时为 WTO 成员的东盟成员国及中国，指其 2003 年 7 月 1 日各自实施的最惠国关税税率；以及（ii）对于 2003 年 7 月 1 日时非 WTO 成员的东盟成员国，指其 2003 年 7 月 1 日对中国的实施税率。

3. “早期收获”计划中适用的产品范围、关税削减和取消、实施的时间框架、原产地规则、贸易补偿及紧急措施等问题应遵循下列规定：

（a）产品范围：（i）下面各章中 HS8 或 9 位税号的所有产品都应包括在“早期收获”计划中，除非一缔约方在本协议附件 1 的例外清单中将其排除，此种情况下该缔约方的这些产品可以得到豁免：

章　描述

01　活动物

02　肉及食用杂碎

03　鱼

04　乳品

05　其他动物产品

06　活树

07　食用蔬菜

08　食用水果及坚果

（ii）已将某些产品纳入例外清单的任何一缔约方可以在任何时候修改例外清单，将例外清单的一项或多项产品纳入“早期收获”计划。（iii）本协议附件 2 中所列的特定产品应涵盖在“早期收获”计划中，这些产品的关税减让应仅对附件 2 中列明的缔约方适用。这些缔约方必须就该部分产品相互提供关税减让。（iv）对于附件 1 或附件 2 所列的未能完成适当的产品清单的缔约方，经相互同意可在不迟于 2003 年 3 月 1 日前完成。

（b）关税削减和取消：（i）“早期收获”计划中涵盖的所有产品都应按照规定划分为三类进行关税削减和取消，并按照本协议附件 3 中所列的时间框架执行。本款不应阻止任何缔约方自愿加速其关税削减或取消。（ii）所有实施的最惠国关税税率为零的产品，应继续保持零税率。（iii）实施税率降低到零的产品，税率应继续保持为零。（iv）一缔约方应享受所有其他缔约方就上文第 3 款（a）(i）所列的某一产品所做的关税减让，只要该缔约方的同一产品保持在第 3 款（a）(i）所列的“早期收获”计划中。

（c）临时原产地规则：适用于“早期收获”计划所涵盖产品的临时原产地规则应在 2003 年 7 月以前谈判并完成制定。临时原产地规则应由各缔约方根据本协议第三条（8）(b）谈判制定并实施的原产地规则替换和取代。

（d）WTO 条款的适用：WTO 中有关承诺的修订、保障措施、紧急措施和其他贸易补偿措施——包括反倾销措施、补贴及反补贴措施等方面的条款，应临时性地适用于“早期收获”计划涵盖的产品。一旦各缔约方根据本协议第三条第 8 款谈判达成的相关规定得以执行，上述 WTO 的条款应被这些相关规定替换和取代。

4. 除了本条上面各款中规定的货物贸易方面的“早期收获”计划以外，各缔约方应在 2003 年初探讨在服务贸易方面推行“早期收获”计划的可行性。

5. 为了推动各缔约方之间的经济合作，本协议附件 4 中规定的各项活动应予执行或视情况要求加快实施。

第二部分

第七条　其他经济合作领域

1. 各缔约方同意在下列五个优先领域加强合作：（a）农业；（b）信息及通信技术；（c）人力资源开发；（d）投资；以及（e）湄公河盆地的开发。

2. 合作应扩展到其他领域，包括但不限于银行、金融、旅游、工业合作、交通、电信、知识产权、中小企业、环境、生物技术、渔业、林业及林业产品、矿业、能源及次区域开发等。

3. 加强合作的措施应包括但不应仅限于：（a）推动和便利货物贸易、服务贸易及投资，如（i）标准及一致化评定；（ii）技术性贸易壁垒和非关税措施；以及（iii）海关合作；（b）提高中小企业竞争力。（c）促进电子商务；（d）能力建设；以及（e）技术转让。

4. 各缔约方同意实施能力建设计划以及实行技术援助，特别是针对东盟新成员国，以调整它们的经济结构，扩大它们与中国的贸易与投资。

第三部分

第八条　时间框架

1. 在货物贸易方面，关于本协议第三条中所列的关税削减或取消和其他问题的协议的谈判应于 2003 年初开始，2004 年 6 月 30 日之前结束，以建立涵盖货物贸易的中国—东盟自贸区，对于文莱、中国、印度尼西亚、马来西亚、菲律宾、新加坡和泰国，建成自贸区的时间是 2010 年，东盟新成员国建成自贸区的时间是 2015 年。

2. 本协议第三条所列的关于货物贸易原产地规则的谈判应不迟于 2003 年 12 月结束。

3. 服务贸易和投资方面，各项协议的谈判应于 2003 年开始，并应尽快结束，以依照相互同意的时间框架付诸实施，实施时需要：（a）考虑各缔约方的敏感领域；（b）为东盟新成员国提供特殊和差别待遇及灵活性。

4. 对于本协议第二部分中所列的经济合作的其他领域，各缔约方应继续巩固实施本协议第七条中所列的现有的或经同意的各项计划，制订新的经济合作计划，并在经济合作的各个领域达成协议。各缔约方应迅速采取行动，以便以所有相关缔约方都能接受的方式和速度尽早实施。这些协议应包含实施其中各项承诺的时间框架。

第九条　最惠国待遇

中国自本协议签字之日起应给予所有非 WTO 成员的东盟成员国符合 WTO 规则和规定的最惠国待遇。

第十条　一般例外

在遵守关于此类措施的实施不在情形相同的各缔约方彼此或各缔约方之间构成任意或不合理歧视的手段或构成对中国—东盟自贸区内贸易的变相限制的要求前提下，本协议的任何规定不得阻止任何缔约方采取或实施保护其国家安全，保护具有艺术、历史或考古价值的文物所采取的措施，或保护公共道德所必需的措施，或保护人类、动物或植物的生命和健康所必需的措施。

第十一条　争端解决机制

1. 各缔约方应在本协议生效 1 年内，为实施本协议建立适当的正式的争端解决程序与机制。

2. 在上文第 1 款所称的争端解决程序与机制建立前，任何关于本协议的解释、实施和适用的争端，应通过磋商和/或仲裁以友好的方式加以解决。

第十二条　谈判的机构安排

1. 已建立的中国—东盟贸易谈判委员会（以下简称“中国—东盟TNC”）应继续负责执行本协议中所列的谈判计划。

2. 各缔约方在必要时可以建立其他机构来协调和实施依照本协议开展的任何经济合作活动。

3. 中国—东盟TNC和上述所有机构应通过中国对外贸易经济合作部（以下简称“中国外经贸部”）与东盟经济高官会（简称SEOM），定期向中国外经贸部部长和东盟经济部长会议（简称AEM）汇报其谈判进度及成果。

4. 无论中国—东盟TNC于何时何地进行谈判，东盟秘书处和外经贸部应联合给以必要的行政支持。

第十三条　杂项条款

1. 本协议应包含所附附件及其内容，以及将来所有依照本协议通过的法律文件。

2. 除非本协议另有规定，本协议或依照本协议采取的任何行动不得影响或废止一缔约方依照其现为缔约方的协议所享受的权利和承担的义务。

3. 各缔约方应当努力避免增加影响实施本协议的约束或限制。

第十四条　修正

本协议的条款可经各缔约方以书面形式相互同意达成的修正案加以修订。

第十五条　交存方

对于东盟成员国，本协议应交存于东盟秘书长，东盟秘书长应及时向每一个东盟成员国提供一份经核证的副本。

第十六条　生效

1. 本协议于2003年7月1日生效。

2. 各缔约方应于2003年7月1日前完成使本协议生效的国内

程序。

3. 如一缔约方未能在 2003 年 7 月 1 日之前完成使本协议生效的国内程序，该缔约方依照本协议的权利与义务应自其完成此类国内程序之日开始。

4. 一缔约方一俟完成使本协议生效的国内程序，即应以书面形式通报所有其他缔约方。

鉴此，我们签署《中华人民共和国与东南亚国家联盟全面经济合作框架协议》。

本协议以英文书就，一式两份，2002 年 11 月 4 日签署于柬埔寨金边。

附录 B：敏感产品和正常产品的范围与降税安排

《中国与东盟全面经济合作框架协议》将货物贸易中除了早期收获计划以外的所有产品分为正常和敏感两种类型。这两类产品所包括的范围以及降税安排如下：

一、敏感产品的范围和降税安排

敏感产品的最终税率不会降至零。按其敏感程度，可分为一般敏感产品和高度敏感产品。中国提出的敏感清单产品共有 402 个，其中 64 个属于农产品。高度敏感的农产品共 34 个，一般敏感的农产品共 30 个。高度敏感农产品主要包括玉米、稻谷、鲜蘑及其细粉、小米粒及粉、豆油、棕榈油、糖、卷烟和已梳棉花等。并且，中国应不迟于 2015 年 1 月 1 日将这些产品的关税税率削减至 50% 以下。一般敏感农产品主要包括咖啡、胡椒、小麦、碎米、菠萝罐头、龙眼罐头、椰子汁、烤烟及烟草、未梳羊毛等。并且，中国应不迟于 2012 年 1 月 1 日将关税税率削减至 20% 以下，并在 2018 年 1 月 1 日进一步削减至 5% 以下。

东盟国家提出的敏感产品主要包括橡胶制品、塑料制品、陶瓷制品、部分纺织品和服装、钢材、部分家电、汽车、摩托车和农产品等。其中，敏感农产品涉及畜禽产品、水产品、谷物、咖啡、茶、糖及糖食、蔬菜、水果和烟草等。各国列入的具体产品范围并不相同。

在 6 个东盟老成员国中，印度尼西亚提出的高度敏感产品共有 42

个，主要为谷物类、糖及糖食、饮料、酒及醋和谷物粗粉。印度尼西亚提出的一般敏感农产品共有 12 个，主要为烟草及烟草代用品的制品、肉、鱼、甲壳动物、软体动物及其他水生无脊椎动物。泰国提出的高度敏感产品共有 53 个，主要为咖啡、茶及调味香料；豆油、棕榈油、椰子油；蔬菜和谷物；乳及奶油。泰国提出的一般敏感产品有 10 个，主要有水果汁、蔬菜汁和茶等。马来西亚和新加坡列入敏感产品清单的只有高度敏感产品，没有一般敏感产品。其中马来西亚有 50 个，主要为烟草及其制品、乳蛋和蜂蜜、家禽肉和食用杂碎；新加坡只有 2 个产品（为两种鲜葡萄酒）。菲律宾提出的高度敏感农产品有 45 个，主要为活动物的猪和家禽，猪和家禽的肉及食用杂碎，蔬菜类的洋葱、马铃薯、卷心菜、萝卜及胡萝卜、木薯等植物块茎，谷物中的玉米，固体甘蔗糖、甜菜糖及化学纯蔗糖，以及动物饲料等。菲律宾的一般敏感产品有 22 个，以蔬菜类居多，其次是淀粉、菊粉。对高度敏感产品，东盟老成员国应不迟于 2015 年 1 月 1 日将关税削减至 50% 以下；对一般敏感产品，应不迟于 2012 年 1 月 1 日将关税削减至 20% 以下，并在 2018 年 1 月 1 日进一步削减至 5% 以下。

在东盟新成员国中，越南的高度敏感农产品有 45 个，一般敏感农产品有 56 个。其高度敏感农产品大多数是烟草制品、糖及糖食，还有禽蛋；一般敏感农产品最多的是饮料、酒及醋，其次是肉、食用杂碎或动物血，另外还包括谷物和茶。缅甸只提出了一般敏感农产品，但是列入的产品数目在东盟各国中最多，一共有 429 个。其中，最多的是蔬菜和水果及其制品，其次是肉、鱼、甲壳动物、软体动物及其他水生无脊椎动物的制品；然后是饮料、酒及醋，谷物，各种豆油、椰子油、棕榈油等植物油。柬埔寨提出的高度敏感农产品有 18 个，一般敏感农产品 7 个。其中，高度敏感农产品主要有烟草及其替代品、杂项食品中的番茄酱和其他调味料、蔬果类的蘑菇和均化蔬菜；一般敏感农产品有松露和马铃薯、朗姆酒和塔菲亚酒、海藻和其他藻类、浓缩蛋白及人造蛋白质等。老挝提出的 57 个高度敏感农产品全部集中在 HS 编码第 22 章的饮料、酒及醋类产品中，具体为啤酒、葡萄酒、乙醇、醋等；老挝提出的一般敏感农产品有 49 个，主要为：活动物中的猪和家禽、猪和家禽的肉及食用杂碎、乳品；蛋品；天然蜂蜜；其他食用动物产品、其他动物产品、食用蔬菜、根及块茎。对高度敏感农产品，新成员国不迟于 2018 年 1 月 1 日将关税税率削减至 50% 以下；对一般敏感产品，应不迟于 2015 年 1 月 1 日将关税税率削减至 20% 以下，并在 2020 年 1 月 1 日进一步削减至 5% 以下。

二、正常产品的范围和降税安排

凡是没有列入敏感清单的产品均为正常产品。因此，中国与东盟各国贸易中的绝大部分产品都属于正常产品。在正常产品中，又可以分为一轨正常产品和二轨正常产品，凡是没有列入二轨正常产品的产品都属于一轨正常产品。总体而言，一轨产品最多，包括大约 7 000 种产品，占全部产品的 90% 以上。中国和东盟大部分成员国都依据自身情况列出了二轨正常产品。但是，二轨产品的数目有一定限制。中国和东盟老成员国的二轨产品不得超过 150 个六位税目，东盟新成员国不得超过 250 个六位税目。在《货物贸易协议》中，中国提出的二轨正常农产品有 40 个；文莱 8 个；柬埔寨 38 个；印度尼西亚 11 个；老挝 219 个；缅甸 7 个；泰国 10 个；越南 129 个。

对于一轨正常农产品，中国和东盟老成员国实行相同的降税模式，而新成员国则采取差别性的降税模式。中国和东盟老成员国的一轨正常产品自 2005 年 7 月 1 日开始降税，2007 年 1 月 1 日和 2009 年 1 月 1 日各再进行一次关税削减，至 2010 年 1 月 1 日实现零关税，共进行 4 次降税。对中国来说，二轨正常产品的降税模式与一轨正常产品大部分相同，但 5% 的关税税率可以保持到 2012 年 1 月 1 日，之后再实现零关税。对东盟老成员国来说，其二轨正常产品的降税模式与大部分一轨正常产品相同，唯一的区别在于 5% 的关税税率可以保持到 2012 年 1 月 1 日，之后再实现零关税；对于东盟新成员国，则可以继续保持 5% 的关税税率到 2018 年 1 月 1 日，之后实现零关税。

附录 C：中国农产品的生产数据

国内各种统计年鉴大多按照农、林、牧、渔四个类别报告农产品数据。此处，也按照这种分类标准，报告中国农产品的生产数据。

表 C-1　　2006—2014 年中国农、林、牧、渔业产品的总产值　单位：亿元

年份＼产值	总产值	农业	林业	牧业	渔业
2006	40 810.8	21 522.3	1 610.8	12 083.9	3 970.5
2007	48 893.0	24 658.1	1 861.6	16 124.9	4 457.5
2008	58 002.2	28 044.2	2 152.9	20 583.6	5 203.4
2009	60 361.0	30 777.5	2 193.0	19 468.4	5 626.4
2010	69 319.8	36 941.1	2 595.5	20 825.7	6 422.4
2011	81 303.9	41 988.6	3 120.7	25 770.7	7 568.0
2012	89 453.0	46 940.5	3 447.1	27 189.4	8 706.0
2013	96 995.3	51 497.4	3 902.4	28 435.5	9 634.6
2014	102 226.1	54 771.5	4 256.0	28 956.3	10 334.3

数据来源：中国统计年鉴。

表 C-2　　2006—2014 年中国主要农产品产量　单位：千万吨

农产品＼年份	2006	2007	2008	2009	2010	2011	2012	2013	2014
粮食	49.804 2	50.160 3	52.870 9	53.082 1	54.647 7	57.120 8	58.958 0	60.193 8	60.702 6
棉花	0.753 3	0.762 4	0.749 2	0.637 7	0.596 1	0.659 8	0.583 6	0.629 9	0.617 8
油料	2.640 3	2.568 7	2.952 8	3.154 3	3.230 1	3.306 8	3.436 8	3.517	3.507 4
麻类	0.089 1	0.072 8	0.062 5	0.038 8	0.031 7	0.029 6	0.026 1	0.022 9	0.023 1

续表

农产品 \ 年份	2006	2007	2008	2009	2010	2011	2012	2013	2014
甘蔗	9.709 2	11.295 1	12.415 2	1.158 7	11.078 9	11.443 5	12.3114	12.820 1	12.561 1
甜菜	0.750 8	0.893 1	1.004 4	0.717 9	0.929 6	1.073 1	1.174	0.926	0.8
烟叶	0.245 6	0.239 5	0.283 8	0.306 6	0.300 4	0.313 2	0.3407	0.337 4	0.299 4
蚕茧	0.088 2	0.094 7	0.090 9	0.083 2	0.087 3	0.091 6	0.0906	0.089 2	0.089 5
茶叶	0.102 8	0.116 5	0.125 8	0.135 9	0.147 5	0.162 3	0.179	0.192 4	0.209 6
水果	17.102	18.136 3	19.220 2	20.395 5	21.401 4	22.768 2	24.056 8	25.093	26.142 2

数据来源：中国统计年鉴。

表 C-3　　　2006—2014 年中国主要林产品产量

林产品 \ 年份	木材 /万立方米	橡胶 /吨	松脂 /吨	生漆 /吨	油桐籽 /吨	油茶籽 /吨
2006	6 611.8	537 983	908 784	20 762	382 989	919 947
2007	6 976.6	588 380	965 618	12 891	361 285	939 096
2008	8 108.3	547 861	849 205	15 526	370 966	989 859
2009	7 068.3	518 866	1 046 579	20 498	367 287	1 169 289
2010	8 089.6	690 812	1 115 711	20 093	433 624	1 092 243
2011	8 145.9	750 853	1 156 612	18 867	437 702	1 480 044
2012	8 174.9	802 255	1 215 065	26 027	427 048	1 727 708
2013	8 438.5	864 806	1 307 747	25 154	418 924	1 776 506
2014	8 233.3	840 171	1 309 520	22 290	416 065	2 023 445

数据来源：中国统计年鉴。

表 C-4　　　2006—2014 年中国主要畜产品产量

畜产品 \ 年份	肉类 /万吨	奶类 /万吨	绵羊毛 /吨	山羊粗毛 /吨	山羊绒 /吨	禽蛋 /万吨	蜂蜜 /万吨
2006	7 089.0	3 305.5	388 777	40 512	16 395	2 424.0	33.3
2007	6 865.7	3 633.4	363 470	38 382	18 483	2 529.0	35.4
2008	7 278.7	3 731.5	367 687	44 406	17 184	2 702.2	40.0

续表

畜产品 年份	肉类/万吨	奶类/万吨	绵羊毛/吨	山羊粗毛/吨	山羊绒/吨	禽蛋/万吨	蜂蜜/万吨
2009	7 649.7	3 677.7	364 002	49 453	16 964	2 742.5	40.2
2010	7 925.8	3 748.0	386 768	42 714	18 518	2 762.7	40.1
2011	7 965.1	3 810.7	393 072	44 047	17 989	2 811.4	43.1
2012	8 387.2	3 875.4	400 057	43 924	18 021	2 861.2	44.8
2013	8 535.0	3 649.5	411 122	41 875	18 114	2 876.1	45.0
2014	8 706.7	3 841.2	419 518	40 046	19 278	2 893.9	46.8

数据来源：中国统计年鉴。

表 C-5　2006—2014 年中国主要水产品产量　单位：万吨

水产品 年份	水产品总量	海水产品	淡水产品
2006	4 583.6	2 509.6	2 074.0
2007	4 747.5	2 550.9	2 196.6
2008	4 895.6	2 598.3	2 297.3
2009	5 116.4	2 681.6	2 434.8
2010	5 373.0	2 797.5	2 575.5
2011	5 603.2	2 908.0	2 695.2
2012	5 907.7	3 033.3	2 874.3
2013	6 172.0	3 138.8	3 033.2
2014	6 461.5	3 296.2	3 165.3

数据来源：中国统计年鉴。

表 C-6　2014 年中国主要农产品各省区市产量　单位：万吨

农产品 省区市	粮食	水果	甘蔗	油料
北京	63.9	96.5	—	0.7
天津	176.0	62.7	—	0.5

续表

农产品 省区市	粮食	水果	甘蔗	油料
河北	3 360.2	2 019.0	—	100.5
山西	1 330.8	770.8	—	39.1
内蒙古	2 753.0	322.3	—	161.4
辽宁	1 753.9	870.6	—	53.5
吉林	3 532.8	229.7	—	56.5
黑龙江	6 242.2	258.7	—	107.1
上海	112.5	86.2	0.6	0.8
江苏	3 490.6	861.6	10.1	33.9
浙江	757.4	714.8	62.7	57.4
安徽	3 415.8	965.3	19.7	33.5
福建	667.0	790.8	53.1	125.0
江西	2 143.5	627.1	64.5	70.0
山东	4 596.6	3 134.0	—	193.4
河南	5 772.3	2 560.2	27.3	108.7
湖北	2 584.2	972.3	30.4	93.2
湖南	3 001.3	920.0	65.9	125.1
广东	1 357.3	1 560.7	1 504.7	165.2
广西	1 534.4	1 560.6	7 952.6	74.2
海南	186.6	413.0	424.9	28.6
重庆	1 144.5	347.6	10.3	301.1
四川	3 374.9	884.5	55.7	494.5
贵州	1 138.5	196.4	168.3	289.9
云南	1 860.7	669.0	2 110.4	192.7
西藏	98.0	1.4	—	0.5
陕西	1 197.8	1 849.9	0.1	89.8
甘肃	1 158.7	636.6	—	237.9
青海	104.8	2.6	—	36.0
宁夏	377.9	290.2	—	42.1
新疆	1 414.5	1 466.9	—	23.7

续表

农产品 省区市	粮食	水果	甘蔗	油料
总量	60 702.6	26 142.2	12 561.1	3 507.4

数据来源：中国统计年鉴。

表 C-7　　2014 年中国主要林产品的生产省区市

林产品 省区市	木材 /万立方米	橡胶 /吨	松脂 /吨	生漆 /吨	油桐籽 /吨	油茶籽 /吨
北京	13.0	—	—	—	—	—
天津	14.7	—	—	—	—	—
河北	90.2	—	—	—	—	—
山西	15.6	—	—	—	—	—
内蒙古	178.7	—	—	—	—	—
辽宁	200.0	—	—	—	—	—
吉林	345.2	—	—	—	—	—
黑龙江	212.8	—	—	—	—	—
上海	—	—	—	—	—	—
江苏	141.3	—	—	—	—	299
浙江	136.8	—	895	10	107	58 444
安徽	465.5	—	13 105	453	2 653	71 425
福建	575.1	—	96 444	662	20 756	112 637
江西	259.6	—	108 391	8	8 640	434 640
山东	429.6	—	—	—	—	—
河南	256.3	—	2 714	2 103	84 397	18 438
湖北	227.5	—	44 994	6 298	24 895	127 419
湖南	478.2	—	39 365	1 030	32 871	823 517
广东	841.5	15 493	210 552	—	7 720	85 341
广西	2 302.8	172	608 771	35	82 517	177 915
海南	134.9	391 212	6 753	—	—	124
重庆	35.1	—	145	1 126	12 878	4 842

续表

林产品 省区市	木材 /万立方米	橡胶 /吨	松脂 /吨	生漆 /吨	油桐籽 /吨	油茶籽 /吨
四川	207.7	—	997	477	16 363	13 718
贵州	191.4	—	15 992	6 955	73 095	69 438
云南	393.6	433 294	159 476	235	20 008	16 764
西藏	5.8	—	—	—	29 114	—
陕西	6.7	—	926	2 864	51	8 484
甘肃	4.0	—		34	—	—
青海	1.0	—	—	—	—	—
宁夏	—	—	—	—	—	—
新疆	43.9	—	—	—	—	—
大兴安岭	25.0	—	—	—	—	—
总量	8 233.3	840 171	1 309 520	22 290	416 065	2 023 445

数据来源：中国统计年鉴。

表 C-8　　2014 年中国主要畜产品的生产省区市　　单位：万吨

畜产品 省区市	肉类	奶类	禽蛋
北京	39.3	59.5	19.7
天津	46.4	68.9	19.4
河北	468.1	496.1	362.7
山西	87.5	97.2	83.7
内蒙古	252.3	797.1	53.5
辽宁	429.2	134.5	279.3
吉林	262.0	49.8	98.5
黑龙江	230.2	560.1	98.2
上海	23.4	27.1	5.2
江苏	379.5	60.7	194.6
浙江	157.1	15.9	39.0
安徽	414.0	27.9	122.5

续表

畜产品 / 省区市	肉类	奶类	禽蛋
福建	213.7	15.4	25.4
江西	339.8	12.9	47.8
山东	770.2	289.6	388.0
河南	719.0	342.4	404.0
湖北	440.4	16.4	155.1
湖南	546.5	9.3	97.9
广东	429.4	13.8	33.0
广西	420.0	9.7	22.2
海南	79.5	0.2	3.8
重庆	214.2	5.7	43.2
四川	714.7	71.3	145.3
贵州	201.8	5.7	16.2
云南	378.5	64.6	24.3
西藏	26.4	34.3	0.5
陕西	116.7	192.3	54.5
甘肃	95.5	40.3	15.5
青海	33.4	31.3	2.2
宁夏	28.5	135.7	8.3
新疆	149.3	155.6	30.5
总量	8 706.7	3 841.2	2 893.9

数据来源：中国统计年鉴。

表 C-9　　2014 年中国主要水产品的生产省区市　　单位：万吨

水产品 / 省区市	水产品总量	海水产品	淡水产品
北京	6.8	1.3	5.5
天津	40.8	7.7	33.1

续表

水产品 省区市	水产品总量	海水产品	淡水产品
河北	126.4	73.2	53.2
山西	5.1	—	5.1
内蒙古	14.8	—	14.8
辽宁	525.7	429.7	96.0
吉林	19.0	—	19.0
黑龙江	51.4	—	51.4
上海	33.0	17.0	16.1
江苏	518.8	150.4	368.4
浙江	574.2	467.3	106.8
安徽	223.7	—	223.7
福建	695.8	603.4	92.5
江西	253.7	—	253.7
山东	903.7	746.1	157.6
河南	91.8	—	91.8
湖北	433.3	—	433.3
湖南	248.2	—	248.2
广东	836.3	450.6	385.7
广西	332.4	174.4	158.0
海南	197.4	149.0	48.4
重庆	44.3	—	44.3
四川	132.6	—	132.6
贵州	21.0	—	21.0

续表

水产品 / 省区市	水产品总量	海水产品	淡水产品
云南	58. 2	—	58. 2
西藏	0	—	0
陕西	13. 9	—	13. 9
甘肃	1. 4	—	1. 4
青海	0. 9	—	0. 9
宁夏	16. 3	—	16. 3
新疆	14. 4	—	14. 4
中农发	26. 1	—	—
总量	6 461. 5	3 296. 2	3 165. 3

数据来源：中国统计年鉴。

附录 D：中国对东盟早期收获产品的出口数据

表 D-1　　中国对东盟早期收获产品的各章出口金额　　单位：亿美元

年份＼章	01	02	03	04	05	06	07	08	总额
2006	0. 003	0. 214	1. 387	0. 230	0. 265	0. 072	5. 914	3. 332	11. 417
2007	0. 011	0. 327	1. 243	0. 633	0. 430	0. 098	6. 580	4. 359	13. 681
2008	0. 010	0. 572	1. 762	0. 503	0. 873	0. 124	7. 808	8. 151	19. 803
2009	0. 004	0. 479	4. 831	0. 022	1. 041	0. 328	11. 961	10. 244	28. 910
2010	0. 004	0. 699	6. 808	0. 272	0. 858	0. 313	22. 786	11. 956	43. 699 6
2011	0. 004	1. 071	11. 292	0. 345	1. 226	0. 346	28. 790	15. 147	58. 221
2012	0. 005	0. 077	12. 772	0. 375	2. 008	0. 417	17. 879	19. 141	52. 674
2013	0. 006	0. 705	15. 512	0. 385	2. 508	0. 350	26. 002	21. 559	67. 027
2014	0. 003	0. 880	20. 834	0. 526	3. 172	1. 687	29. 409	22. 148	78. 659
总额	0. 050	5. 024	76. 441	3. 291	12. 381	3. 735	157. 129	116. 037	374. 088
年均增长率	0	19. 332%	40. 309%	10. 894%	36. 383%	48. 328%	22. 201%	26. 715%	27. 284%

数据来源：联合国 Comtrade 数据库。

表 D-2　**2006—2014 年中国对东盟 7 市场早期收获产品的各章出口总额**　单位：美元

章＼市场	马来西亚	印度尼西亚	泰国	越南	菲律宾	新加坡	其他四国	总额
01	1 481 225	140 283	890 550	3 318 597	88 509	1 620 004	540 377	8 079 545
02	464 390 113	783 494	2 847 564	8 670 924	33 660 684	73 559 978	12 119 534	596 032 291
03	2 343 043 926	980 841 899	1 775 259 018	612 900 614	1 902 601 151	493 112 874	7 679 371	8 115 438 853
04	64 673 747	16 547 994	83 998 223	8 394 955	44 346 467	95 902 617	56 995 747	370 859 750
05	47 961 602	119 678 817	458 282 861	402 281 026	55 063 550	13 806 158	122 358 491	1 219 432 505
06	36 067 249	2 705 236	66 748 053	43 829 300	18 642 960	56 534 903	160 945 878	385 473 579
07	3 804 569 822	3 306 427 928	2 729 403 389	4 569 919 005	2 160 725 760	704 730 681	113 349 658	17 389 126 243
08	2 109 751 905	2 570 598 218	2 665 864 984	2 684 220 993	1 554 419 352	410 594 133	127 243 717	12 122 693 302
总额	8 871 939 589	6 997 723 869	7 783 294 642	8 333 535 414	5 769 548 433	1 849 861 348	601 232 773	40 207 136 068

数据来源：联合国 Comtrade 数据库。

表 D-3　**2006—2014 年中国早期收获产品对马来西亚的出口金额**　单位：美元

年份 / 章	2006	2007	2008	2009	2010	2011	2012	2013	2014	每章总额	年均增长率
01	40 167	667 645	220 460	176 026	36 984	4 840	11 120	296 573	27 410	1 481 225	—4.667%
02	5 027 598	5 446 580	42 962 333	37 512 719	59 704 511	92 376 383	65 974 481	59 261 785	76 123 723	464 390 113	40.449%
03	46 420 191	39 730 753	46 264 877	172 701 704	224 373 722	317 934 285	381 343 513	470 231 973	644 042 908	2 343 043 926	38.924%
04	3 338 030	4 059 320	5 103 196	6 929 885	8 690 140	8 551 270	6 872 701	6 682 372	14 446 833	64 673 747	20.098%
05	1 147 505	2 521 691	5 315 865	5 294 143	4 478 700	4 289 777	8 040 045	8 162 848	8 711 028	47 961 602	28.837%
06	1 382 248	2 484 950	2 390 864	2 797 927	4 355 046	5 496 055	6 007 001	5 897 284	5 255 874	36 067 249	18.170%
07	219 912 629	251 292 972	231 863 702	357 966 456	520 243 079	643 468 368	411 091 188	581 901 924	586 829 504	3 804 569 822	13.053%
08	88 291 517	109 132 628	170 601 718	170 430 303	219 262 220	265 589 266	317 863 424	449 716 987	318 863 842	2 109 751 905	17.412%
年总额	365 559 885	43 5336 539	504 723 015	753 809 163	1 041 144 402	1 337 710 244	1 197 203 473	1 582 151 746	1 654 301 122	8 871 939 589	20.769%
03、07、08 章总额	354 624 337	400 156 353	448 730 297	701 098 463	963 879 021	1 226 991 919	1 110 298 125	1 501 850 884	1 549 736 254	8 257 365 653	20.243%
03、07、08 占比	97.009%	91.919%	88.906%	93.007%	92.579%	91.723%	92.741%	94.925%	93.679%	93.073%	

数据来源：联合国 Comtrade 数据库。

表 D-4　2006—2014 年中国早期收获产品对印度尼西亚的出口金额

单位：美元

章＼年份	2006	2007	2008	2009	2010	2011	2012	2013	2014	每章总额	年均增长率
01		210		9 936		100	1 100	54 482	74 455	1 481 225	—
02	675 775	31 308	76 411							464 390 113	—
03	15 053 150	7 493 452	22 230 111	75 114 268	170 538 748	248 209 445	165 182 684	143 934 588	133 085 453	2 343 043 926	31.315%
04	454 693	3 523 016	3 009 648	1 771 241	2 208 102	2 217 101	1 985 687	1 216 922	161 584	64 673 747	—12.131%
05	6 091 445	7 491 022	13 974 713	13 104 559	11 795 318	15 549 839	16 732 448	16 040 831	18 898 642	47 961 602	15.203%
06	224 480	218 307	171 726	147 292	324 158	556 306	339 716	382 510	340 741	36 067 249	5.355%
07	204 542 664	238 778 733	178 750 840	279 448 636	614 918 031	584 702 775	400 160 081	412 203 879	392 922 289	3 804 569 822	8.503%
08	94 600 792	139 424 031	196 318 741	258 085 609	334 853 513	431 619 532	434 239 915	315 042 519	366 413 566	2 109 751 905	18.443%
年总额	321 642 999	396 960 079	414 532 190	627 681 541	1 134 637 870	1 282 855 098	1 018 641 631	888 875 731	911 896 730	6 997 723 869	13.913%
03、07、08 章总额	314 196 606	385 696 216	397 299 692	612 648 513	1 120 310 292	1 264 531 752	999 582 680	871 180 986	892 421 308	6 857 868 045	13.939%
03、07、08 占比	97.685%	97.162%	95.843%	97.605%	98.737%	98.572%	98.129%	98.009%	97.864%	98.001%	

数据来源：联合国 Comtrade 数据库。

表 D-5　　2006—2014 年中国早期收获产品对泰国的出口金额　　单位：美元

章＼年份	2006	2007	2008	2009	2010	2011	2012	2013	2014	每章总额	年均增长率
01	124 983	20 809	35 815	65 186	107 298	247 915	79 474	131 775	77 295	890 550	—5. 830%
02	674 307	120 488	74 924	89 230	143 665	253 815	451 570	690 781	348 784	2 847 564	—7. 910%
03	22 586 075	26 518 605	47 554 325	51 438 467	82 617 293	186 606 740	263 301 548	407 264 471	687 371 494	1 775 259 018	53. 256%
04	315 755	22 533 808	12 820 949	1 231 089	2 386 530	6 466 073	10 461 513	11 000 001	16 782 505	83 998 223	64. 319%
05	16 844 873	18 628 605	30 262 314	43 363 242	39 573 055	50 190 284	75 806 312	69 736 024	113 878 152	458 282 861	26. 983%
06	1 635 930	2 243 158	3 837 109	6 155 510	8 098 869	10 905 396	14 469 824	11 337 572	8 064 685	66 748 053	22. 068%
07	73 266 236	71 780 588	133 584 944	209 976 000	369 722 169	487 915 300	336 059 838	557 692 274	489 406 040	2 729 403 389	26. 793%
08	59 631 706	76 962 190	118 866 662	161 028 420	222 100 159	338 303 831	458 278 917	586 980 015	643 713 084	2 665 864 984	34. 633%
年总额	175 079 865	218 808 251	347 037 042	473 347 144	724 749 038	1 080 889 354	1 158 908 996	1 644 832 913	1 959 642 039	7 783 294 642	35. 244%
03、07、08 章总额	155 484 017	175 261 383	300 005 931	422 442 887	674 439 621	1 012 825 871	1 057 640 303	1 551 936 760	1 820 490 618	7 170 527 391	36. 007%
03、07、08 占比	88. 807%	80. 098%	86. 448%	89. 246%	93. 058%	93. 703%	91. 262%	94. 352%	92. 899%	92. 127%	

数据来源：联合国 Comtrade 数据库。

表 D-6　　**2008—2014 年中国早期收获产品对越南的出口金额**　　单位：美元

年份 章	2008	2009	2010	2011	2012	2013	2014	每章总额	年均 增长率
01	480		143 330	12 560	18 000	40	500	174 910	0.511%
02	5 392 150	180 094		1 002 838	536 869	1 558 803		8 670 754	—
03	4 738 622	21 156 483	52 133 355	156 635 875	130 770 445	117 684 730	81 367 068	564 486 578	42.676%
04	5 114 289	974 849	178 548	494 050	366 011	461 129	803 802	8 392 678	−20.650%
05	4 426 549	8 544 857	19 177 037	30 964 163	69 971 418	106 257 821	162 247 070	401 588 915	56.861%
06	483 381	2 750 416	1 867 337	8 670 064	12 550 996	5 180 779	12 137 444	43 640 417	49.617%
07	130 594 673	209 554 859	543 154 438	872 827 690	443 977 266	810 339 864	1 258 827 770	4 269 276 560	32.741%
08	178 545 880	257 783 912	260 319 095	302 786 874	445 845 659	480 812 698	553 946 863	2 480 040 981	15.203%
年总额	329 296 024	500 945 470	876 973 140	1 373 394 114	1 104 036 664	1 522 295 864	2 069 330 517	7 776 271 793	25.829%
03、07、08 章总额	313 879 175	488 495 254	855 606 888	1 332 250 439	1 020 593 370	1 408 837 292	1 894 141 701	7 313 804 119	25.193%
03、07、08 章占比	95.318%	97.515%	97.564%	97.004%	92.442%	92.547%	91.534%	94.053%	

数据来源：联合国 Comtrade 数据库。

表 D-7　　**2006—2014 年中国早期收获产品对菲律宾的出口金额**　　单位：美元

年份 章	2006	2007	2008	2009	2010	2011	2012	2013	2014	每章总额	年均增长率
01			84 589		560		240	2 270	850	88 509	
02	2 828 954	25 446 580	765 845	1 349 539	1 919 491	1 287 685	62 590			33 660 684	
03	39 878 057	39 730 753	43 996 975	172 701 704	224 373 722	165 714 197	277 517 118	294 645 717	644 042 908	1 902 601 151	41. 587%
04	2 290 511	4 059 320	4 020 971	6 929 885	8 690 140	1 918 375	957 409	1 033 023	14 446 833	44 346 467	25. 887%
05	486 799	2 521 691	26 988 023	5 294 143	4 478 700	1 832 569	2 443 761	2 306 836	8 711 028	55 063 550	43. 413%
06	104 818	2 484 950	404 522	2 797 927	4 355 046	749 319	990 484	1 500 020	5 255 874	18 642 960	63. 127%
07	57 416 260	251 292 972	49 695 827	357 966 456	520 243 079	137 716 727	97 899 828	101 665 107	586 829 504	2 160 725 760	33. 716%
08	57 781 549	109 132 628	102 352 516	170 430 303	219 262 220	126 408 109	203 651 485	246 536 700	318 863 842	1 554 419 352	23. 802%
年总额	160 786 948	434 668 894	228 309 268	717 469 957	983 322 958	435 626 981	583 522 915	647 689 673	1 578 150 839	5 769 548 433	33. 042%
03、07、08 章总额	155 075 866	400 156 353	196 045 318	701 098 463	963 879 021	429 839 033	579 068 431	642 847 524	1 549 736 254	5 617 746 263	33. 341%
03、07、08 占比	96. 448%	92. 060%	85. 868%	97. 718%	98. 023%	98. 671%	99. 237%	99. 252%	98. 200%	97. 369%	

数据来源：联合国 Comtrade 数据库。

表 D-8　　2006—2014 年中国早期收获产品对新加坡的出口金额　　单位：美元

年份/章	2006	2007	2008	2009	2010	2011	2012	2013	2014	每章总额	年均增长率
01	67 189	338 569	253 738	173 000	135 484	130 069	292 444	66 966	162 545	1 620 004	11.676%
02	11 844 919	5 283 497	6 628 680	7 282 316	6 353 965	10 040 623	8 392 742	7 446 859	10 286 377	73 559 978	—1.748%
03	14 737 576	12 701 486	11 339 982	26 945 337	39 826 472	53 488 295	57 393 656	114 917 588	161 762 482	493 112 874	34.914%
04	8 240 863	11 967 223	11 332 808	6 629 331	8 265 090	10 001 340	11 205 142	13 287 515	14 973 305	95 902 617	7.750%
05	95 028	1 017 810	3 431 200	2 192 358	48 481	228 392	524 260	2 585 529	3 683 100	13 806 158	57.959%
06	2 814 277	4 280 995	4 969 795	5 256 202	7 109 240	8 049 811	7 157 542	8 382 660	8 514 381	56 534 903	14.841%
07	30 765 082	40 279 340	53 764 393	53 836 301	94 159 430	123 551 825	90 262 539	105 669 873	112 441 898	704 730 681	17.587%
08	31 581 240	34 101 570	45 792 935	40 100 801	45 812 535	48 099 741	49 530 753	55 907 363	59 667 195	410 594 133	8.278%
年总额	100 146 174	109 970 490	137 513 531	142 415 646	201 710 697	253 590 096	224 759 078	308 264 353	371 491 283	1 849 861 348	17.805%
03、07、08 章总额	77 083 898	87 082 396	110 897 310	120 882 439	179 798 437	225 139 861	197 186 948	276 494 824	333 871 575	1 608 437 688	20.109%
03、07、08 占比	76.971%	79.187%	80.645%	84.880%	89.137%	88.781%	87.733%	89.694%	89.873%	86.949%	

数据来源：联合国 Comtrade 数据库。

表 D-9　　2006—2014 年中国早期收获产品对其他四国的出口金额　　单位：美元

章＼年份	2006	2007	2008	2009	2010	2011	2012	2013	2014	每章总额	年均增长率
01	37 524	42 438	360 476	0	120	0	98 819	520	480	540 377	-42.008%
02	323 425	562 387	1 292 867	1 461 114	1 761 069	2 180 976	1 547 998	1 549 174	1 440 524	12 119 534	20.530%
03	30 703	41 133	35 500	126 621	203 435	604 547	1 674 007	2 558 880	2 404 545	7 679 371	72.477%
04	8 394 529	10 920 716	8 935 399	4 706 788	4 810 669	4 896 675	5 635 893	4 805 655	3 889 423	56 995 747	-9.169%
05	1 844 619	2 309 754	2 871 286	4 435 751	10 445 481	19 568 451	27 276 102	45 751 474	7 855 573	122 358 491	19.856%
06	1 050 174	415 524	166 543	15 222 426	9 058 481	180 834	177 694	2 292 372	132 381 830	160 945 878	83.050%
07	5 526 901	4 883 261	2 513 406	3 598 771	11 597 137	28 822 263	8 454 125	30 772 023	17 181 771	113 349 658	15.232%
08	447 372	1 066 239	2 623 984	2 347 288	3 212 652	1 918 907	4 685 322	20 944 229	89 997 724	127 243 717	94.064%
年总额	17 655 247	20 241 452	18 799 461	31 898 759	41 089 044	58 172 653	49 549 960	108 674 327	255 151 870	601 232 773	39.634%
05、06、07、08 章总额	8 869 066	8 674 778	8 175 219	25 604 236	34 313 751	50 490 455	40 593 243	99 760 098	247 416 898	523 897 744	66.503%

数据来源：联合国 Comtrade 数据库。

参考文献

中文文献

[1] 程国强．中国农产品出口：增长、结构与贡献［J］．管理世界，2004（11）：85-95.

[2] 崔丹．贸易结构趋同化与中国—东盟自由贸易区的发展——以农产品和高新技术产品贸易为例［J］．辽宁经济，2009（8）：24-25.

[3] 方堃．中国外经贸市场多元化状况的计量分析［J］．国际经贸探索，2001（2）：7-11.

[4] 高敬峰．我国出口市场多元化与出口企业重组思考［J］．国际金融，2001（1）：34-36.

[5] 高群，宋长鸣．大陆菜品比较优势与出口市场结构研究［J］．经济问题探索，2015（12）：143-150.

[6] 郭静．中国—东盟农产品零关税给我国农产品出口带来的机遇［J］．中国果蔬，2009（8）.

[7] 何秀荣，Wahl，Thomas I，等．中国农产品贸易：最近20年的变化［J］．中国农村经济，2002（6）：9-14.

[8] 华晓红．对内地与香港建立自由贸易区的几点看法［J］．特区经济，2002（2）：34-36.

[9] 黄春全，聂宇欣．中国与东盟稻米贸易的动态与展望［J］．东南亚纵横，2013（5）：3-8.

［10］贾军平，何晓群，金勇进，等．统计学［M］．北京：中国人民大学出版社，2000.

［11］李树丽，祁春节．中国—东盟零关税时代对中国柑橘产业的影响及对策研究［J］．东南亚纵横，2012（6）：7-11.

［12］刘靖，毛学峰，辛贤，等．我国农产品出口不稳定性成因的初步探析［J］．中国农村观察，2006（1）：2-10.

［13］刘乃全，戴晋．我国对亚洲市场出口地理方向的优化路径［J］．中国流通经济，2015（7）：96-101.

［14］吕洵．2003 年以来中国与东盟的农产品贸易状况分析［D］．广州：暨南大学硕士学位论文，2013：17-40.

［15］吕丹丹，杨丽华．基于 SSM 模型的浙江出口市场结构实证分析［J］．工业技术经济，2010（10）：115-118.

［16］马科维茨．资产选择——投资的有效分散化［M］．北京：首都经济贸易大学出版社，2000.

［17］王军杰．WTO 框架下农业国内支持法律制度研究［M］．北京：法律出版社，2012.

［18］庞守林，田志宏，等．中国苹果国际贸易结构比较分析与优化［J］．中国农村经济，2004（2）：38-43.

［19］裴向军．浙江省出口市场多元化的现状和发展对策［J］．国际贸易问题，2004（5）：42-46.

［20］强永昌．我国出口市场多元化战略初探［J］．国际经贸探索，1992（1）：24-29.

［21］荣静，杨川，等．中国与东盟农产品贸易竞争和贸易互补实证分析［J］．国际贸易问题，2006（8）：45-50.

［22］孙笑丹．中国与东盟国家农产品出口结构比较研究［J］．当代财经，2003（3）：106-109.

[23] 谭利群，刘晓亮，等．中国—东盟水果贸易的竞争互补特性及策略选择［J］．对外经贸实务，2014（5）：49-51.

[24] 王俊霖．“早期收获”计划对我国与东盟农产品贸易及我国农业的影响［J］．东南亚，2004（2）：1-6.

[25] 孙林，蓝旻，等．贸易便利化对中国与东盟区域谷物可获得性的影响：进口贸易流量视角的考察［J］．农业技术经济，2015（1）：111-119.

[26] 韦尔．经济增长［M］．2版．北京：中国人民大学出版社，2011.

[27] 魏民．打造中国—东盟自由贸易区“升级版”：问题与方向［J］．国际问题研究，2015（2）.

[28] 魏浩，马野青，等．中国出口商品的地区结构分析［J］．世界经济，2006（5）：22-31.

[29] 谢德保，郭坤龙，等．中国—东盟农产品零关税对我国农业的影响与对策［J］．中国集体经济，2007（10）：17-19.

[30] 徐颖君．中国出口贸易能稳定增长吗［J］．世界经济研究，2006（8）：36-43.

[31] 许培源，胡日东，等．中国纺织品出口地理结构与出口不稳定性分析［J］．华东师范大学学报：哲学社会科学版，2006（11）：66-71.

[32] 许庆，范英，等．零关税政策背景下中国—东盟自贸区农产品贸易对中国经济影响的模拟分析［J］．世界经济研究，2011（11）：81-87.

[33] 颜小挺，祁春节．中国对东盟生鲜农产品出口三元边际及影响因素研究［J］．统计与信息论坛，2016（4）：67-73.

[34] 杨长湧．我国出口市场多元化战略的现状、影响及对策［J］．宏

观经济研究，2010（6）：12-18.

[35] 易会文，黄汉民. 企业出口市场多元化可以减弱出口波动吗？[J]. 北京工商大学学报：社科版，2014（6）：37-46.

[36] 张五常. 社会成本的神话［M］//张五常. 经济解释. 北京：商务印书馆，2000.

[37] 章胜勇，王诗薇. 中国对东盟蔬菜出口增长的三元边际分析[J]. 华南农业大学学报：社科版，2016（1）：85-90.

[38] 郑一省. 中国与东盟经贸关系发展的机遇与挑战［J］. 当代亚太，2002（1）：49-53.

[39] 朱晶. 中国劳动力密集型农产品出口市场结构与定位分析［J］. 中国农村经济，2004（9）：14-19.

[40] Ledyard. 市场失灵［M］//新帕尔格雷夫经济学大词典. 北京：经济科学出版社，1996.

英文文献

[1] Adams F G, Behrman J R. Commodity Exports and Economic Development［J］. Econometric Studies, 1982（28）: 23-45.

[2] Antras P. Firms, Contracts, and Trade Structure［J］. Quarterly Journal of Economics, 2003, 118（4）.

[3] Antras P. Incomplete Contracts and the Product Cycle［J］. American Economic Review, 2005, 95（4）.

[4] Appleyard D R, Field A J, Cobb S L. International Economics［M］. New York: The McGraw-Hill Companies, 2008.

[5] Bagewati J. Immizerizing Growth: A Geometrical Note［J］. Review of Economic Studies, 1958（25）.

[6] Board J, Sinclair T, Sutcliffe C. A Portfolio Approach to Regional

Tourism [J]. Built Environment, 1987, 13 (2): 124-137.

[7] Board J, Sutcliffe C. Risk and Income Tradeoffs in Regional Policy: A Portfolio Theoretic Approach [J]. Journal of Regional Science, 1991, 31 (2): 191-210.

[8] Dowling M, Ray D. The Structure and Composition of International Trade in Asia: Historical Trend and Future Prospects [J]. Journal of Asian Economics, 2000, 31 (2): 191 - 210.

[9] Guo Rongxing. How Culture Influences Foreign Trade: Evidence from the U. S. and China [J]. Journal of Socio-Economics, 2004, (6): 785-812.

[10] Hamid Z. Concentration of Exports and Patterns of Trade: A Time-series Evidence of Malaysia [J]. Journal of Developing Areas, 2010, 43 (2): 255-270.

[11] Heckscher E F. The Effect of Foreign Trade on the Distribution of Income in Flam [M] //Flam H, Flanders M J. Heckscher-Ohlin Trade Theory. Cambridge, MA and London: The MIT Press, 1991.

[12] Helpman E, Krugman P R. Market Structure and Foreign Trade [M]. Cambridge, MA: The MIT Press, 1985.

[13] Hirsch S, Lev B. Stabilization Through Export Diversification [J]. The Review of Economics and Statistics, 1971, 53 (3): 270-277.

[14] Jang S, Chen M-H. Financial Portfolio Approach to Optimal Tourist Market Mixes [J]. Tourism Management, 2008 (29): 761-770.

[15] Jones R W, Neary J P. The Positive Theory of International Trade [M] //Jones R W, Kenen P B. Handbook of International Economics (Volume 1). Amsterdam: North-Holland, 1984.

[16] Kennedy V. Risk Management in the Irish Tourism Industry: the

Contribution of a Portfolio Investment Approach. [J]. Tourism Management, 1998 (2): 119-126.

[17] Krugman P R. Increasing Returns, Monopolistic Competition and International Trade [J]. Journal of International Economics, 1979, 9 (4).

[18] Krugman P R, Obstfeld M. International Economics: Theory and Policy [M]. Boston: Addison-Wesley Longman, 2000.

[19] La J. Correlations-adjusted Export Market Diversification [J]. Journal of East Asian Economic Integration, 2011, 15 (1): 33-52.

[20] Leontief W. Domestic Production and Foreign Trade: The American Capital Position Re-examined [J]. Proceedings of the American Philosophical Society, 1953, 97 (4).

[21] Linder S B. An Essay on Trade and Transformation [M]. New York: Wiley, 1968.

[22] Love J. Export Instability in Less Developed Countries: Consequences and Causes [J]. Journal of Economic Studies, 1987 (14): 3-80.

[23] Markowitz H M. Portfolio Selection [J]. The Journal of Finance, 1952, 7 (1): 77-91.

[24] Markowitz H M. Portfolio Selection: Efficient Diversification of Investments [M]. Wiley Press, 1959.

[25] Massell B F. Export Concentration and Export Earnings: A Cross-section Analysis [J]. American Economic Review, 1964, 54 (2): 47-63.

[26] Massell B F. Export Instability and Economic Structure [J]. American Economic Review, 1970, 60 (4): 618-630.

[27] Melitz M J. The Impact of Trade on Intra-industry Reallocations and

Aggregate Industry Productivity [J]. Econometrica, 2003, 71 (6).

[28] Mill J S. Principles of Political Economy [M]. London: Parker. 1848.

[29] Neto N, Romeu R. Did Export Diversification Soften the Impact of the Global Financial Crisis? [M]. IMF Working Paper, 2011.

[30] Ohlin B. Interregional and International Trade [M]. Cambridge, Mass: Harvard University Press, 1933.

[31] Piya S, Kiminami A, Yagi H. Evaluating the Impact of Geographic Concentration on Nepalese Agricultural Export [J]. South Asia Economic Journal, 2010, 11 (2): 207-222.

[32] Qian G. Assessing Product-Market Diversification of U. S. Firms [J]. Strategic Management Journal, 1997 (21): 155-174.

[33] Samen S. A Primer on Export Diversification: Key Concepts, Theoretical Underpinnings and Empirical Evidence [D]. Growth and Crisis Unit World Bank Institute working papers, 2010.

[34] Samuelson, Paul. The Transfer Problem and Transport Costs: The Terms of Trade When Impediments are Absent [J]. Economic Journals, 1952 (62): 278-304.

[35] Sarada C, Ravisankar T, Krishnan M, Anandanarayan C. Indian Seafood Exports: Issues of Instability, Commodity Concentration and Geographical Spread [J]. Indian Journal of Agricultural Economics, 2006, 61 (2): 238-252.

[36] Stanley D L, Bunnag S. A New Look at the Benefits of Diversification: Lessons from Central America [J]. Applied Economics, 2001, 33 (11): 1369-1383.

[37] Suthiph, Chirathivat. ASEAN-China Free Trade Area: Background, Implications and Future Development [J]. Journal of Asian Economics, 2002.

[38] Taylor J E, Naude A Y, Jesurun - Clements N. Does Agricultural Trade Liberalization Reduce Rural Welfare in Less Developed Countries? the Case of CAFTA [J]. Applied Economic Perspectives & Policy, 2010 (32): 95-116.

[39] UNDP. Towards Human Resilience: Sustaining MDG Progress in an Age of Economic Uncertainty [R]. Report of Bureau for Development Policy, 2011.

[40] Yang X. A New Theory of Demand and the Emergence of International Trade from Domestic Trade [J]. Pacific Economic Review, 1996 (1).